U0128624

赵剑英　主编
Zhao Jianying　Editor

理解中国丛书
Understanding China Series

The Governance of Nanshan District:
The Nanshan Sample of Shenzhen's Experience

治理南山：
深圳经验的南山样本

房宁　唐奕　著
By Fang Ning　Tang Yi

中国社会科学出版社
CHINA SOCIAL SCIENCES PRESS

图书在版编目（CIP）数据

治理南山：深圳经验的南山样本/房宁，唐奕著. —北京：
中国社会科学出版社，2018.11
（理解中国丛书）
ISBN 978 – 7 – 5203 – 3412 – 9

Ⅰ.①治…　Ⅱ.①房…②唐…　Ⅲ.①经济特区—经济发展—
研究—深圳　Ⅳ.①F127.653

中国版本图书馆 CIP 数据核字（2018）第 248347 号

出 版 人	赵剑英
责任编辑	王　茵
特约编辑	王玉静
责任校对	韩天炜
责任印制	王　超

出　　版	中国社会科学出版社
社　　址	北京鼓楼西大街甲 158 号
邮　　编	100720
网　　址	http：//www.csspw.cn
发 行 部	010 – 84083685
门 市 部	010 – 84029450
经　　销	新华书店及其他书店

印刷装订	北京君升印刷有限公司
版　　次	2018 年 11 月第 1 版
印　　次	2018 年 11 月第 1 次印刷

开　　本	710×1000　1/16
印　　张	14
字　　数	175 千字
定　　价	48.00 元

深圳的发展和经验证明，我们建立经济特区的政策是正确的。

邓小平

一九八四年一月廿六日

1979 年 7 月，开发蛇口工业区的第一炮，拉开中国改革开放的序幕

来源：深圳市南山区档案馆

1979 年 7 月 15 日，中共中央、国务院批转广东省委、福建省委关于对外经济活动实行特殊政策和灵活措施的两个报告，即著名的 1979 年中央 50 号文件

来源：深圳创新发展研究院《百位深圳改革人物吴南生：
深圳经济特区的筹办者》，深圳创新发展研究院网站

《关于我驻香港招商局在广东宝安建立工业区的报告》，
中共中央副主席、国务院副总理李先念的批示

来源：深圳创新发展研究院《百位深圳改革人物袁庚："蛇口精神"
缔造者　无畏无私改革家》，深圳创新发展研究院网站

2001 年发现了屋背岭遗址，标志着 6700 多年前的
新石器时代就有百越人在南山繁衍生息

（作者提供）

公元 331 年，东晋设东官郡，郡所设在南头，即今天的南山南头古城

（作者提供）

1980 年代的三洋厂区

来源：深圳创新发展研究院《百位深圳改革人物袁庚："蛇口精神"

缔造者　无畏无私改革家》，深圳创新发展研究院网站

1983 年，蛇口竖立的那块著名标语牌

（作者提供）

南光村和南山大道巨变

（摄影：陈宗浩）

出版前言

自鸦片战争之始的近代中国，遭受落后挨打欺凌的命运使大多数中国人形成了这样一种文化心理：技不如人，制度不如人，文化不如人，改变"西强我弱"和重振中华雄风需要从文化批判和文化革新开始。于是，中国人"睁眼看世界"，学习日本、学习欧美以至学习苏俄。我们一直处于迫切改变落后挨打、积贫积弱，急于赶超这些西方列强的紧张与焦虑之中。可以说，在一百多年来强国梦、复兴梦的追寻中，我们注重的是了解他人、学习他人，而很少甚至没有去让人家了解自身、理解自身。这种情形事实上到了1978年中国改革开放后的现代化历史进程中亦无明显变化。20世纪八九十年代大量西方著作的译介就是很好的例证。这就是近代以来中国人对"中国与世界"关系的认识历史。

但与此并行的一面，就是近代以来中国人在强国梦、中华复兴梦的追求中，通过"物质（技术）批判""制度批判""文化批判"一直苦苦寻求着挽救亡国灭种、实现富国强民之"道"，这个"道"当然首先是一种思想，是旗帜，是灵魂。关键是什么样的思想、什么样的旗帜、什么样的灵魂可以救国、富国、强国。一百多年来，中国人民在屈辱、失败、焦虑中不断探索、反复尝试，历经"中学为体，西学为用"、君主立宪实践的失败，西方资本主义政治道路的破产，"文化大革命"的严重错误以及20世纪90年代初世界社会主义的重大挫折，终于走出了中国革命胜利、民族独立解放之路，特别是将科学社会主义理论逻辑与中国社会发展历史逻辑结合在一起，走出了一条中国社会主义现代化之路——中国特色社会主义道路。经过最近三十多年的改革开放，中国社会主义市场经济快速发展，经济、政治、文化和社会建设取得伟大成就，综合国力、文化软实力和国际影响力大幅提升，中国特色社会主义取得了巨大成功，虽然还不完善，但可以说其体制制度基本成型。百年追梦的中国，正以更加坚定的道路自信、理论自信和制度自信的姿态，崛起于世界民族之林。

与此同时，我们应当看到，长期以来形成的认知、学习西方的文化心理习惯使我们在中国已然崛起、成为当今世界大国的现实状况下，还很少积极主动向世界各国人民展示自己——"历史的中国"和"当今现实的中国"。而西方人士和民族也深受中西文化交往中"西强中弱"的习惯性历史模式的影响，很少具备关于中国历史与当今发展的一般性认识，更谈不上对中国发展道路的了解，以及"中国理论""中国制度"对于中国的科学性、有效性及其对于人类文明的独特价值与贡献这样深层次问题的认知与理解。"自我认识展示"的缺位，也就使一些别有用心的不同政见人士抛出的"中国崩溃论""中国威胁论""中国国家资本主义"等甚嚣尘上。

可以说，在"摸着石头过河"的发展过程中，我们把更多的精力花在学习西方和认识世界上，并习惯用西方的经验和话语认识自己，而忽略了"自我认知"和"让别人认识自己"。我们以更加宽容、友好的心态融入世界时，自己却没有被客观真实地理解。因此，将中国特色社会主义的成功之"道"总结出来，讲好中国故事，讲述中国经验，用好国际表达，告诉世界一个真实的中国，让世界民众认识到，西方现代化模式并非人类历史进化的终点，中国特色社会主义亦是人类思想的宝贵财富，无疑是有正义感和责任心的学术文化研究者的一个十分重要的担当。

为此，中国社会科学出版社组织一流专家学者编撰了《理解中国》丛书。这套丛书既有对中国道路、中国理论和中国制度总的梳理和介绍，又有从政治制度、人权、法治，经济体制、财经、金融，社会治理、社会保障、人口政策，价值观、宗教信仰、民族政策，农村问题、城镇化、工业化、生态建设，以及古代文明、哲学、文学、艺术等方面对当今中国发展和中国历史文化的客观描述与阐释，使中国具象呈现。

期待这套丛书的出版，不仅可以使国内读者更加正确地理解100多年中国现代化的发展历程，更加理性地看待当前面临的难题，增强全面深化改革的紧迫性和民族自信，凝聚改革发展的共识与力量，也可以增进国外读者对中国的了解与理解，为中国发展营造更好的国际环境。

赵剑英

2014 年 1 月 9 日

自　序

房　宁

2018 年是中国改革开放 40 周年。提起中国的改革开放，人们马上就会联想到中国的广东、联想到广东的深圳，人们脑海里也许会回荡起那首脍炙人口的歌曲《春天的故事》，歌中唱道"有一位老人在中国的南海边画了一个圈"。这个圈就是当年国家决定开办作为中国改革开放先声的第一个出口加工区——蛇口，而蛇口就坐落在如今深圳乃至中国经济最为发达的地方——南山。有论者道：中国改革看深圳，深圳发展看南山。深圳从一个荒远的边陲小镇在短短 40 年里发展成为一个人口超过 2000 万人的国际大都会，应该说创造了人类工业化、城市化历史上空前绝后的奇迹。

改革开放改变了中国的命运，改革开放创造了中国奇迹，中国的改革开放也引起了世界性的关注。在中国改革开放 40 年之际，人们把目光再次投向中国，聚焦广东、聚焦深圳这块焕发出中国人民冲天干劲和辉煌创造力的热土。从各种意义上说，都有充分的理由在改革开放 40 周年之际，认真、全面、深入地研究总结中国改革开放的历史进程和内在规律，而深圳以及南山则是认识现代中国，研究中国改革开放不可或缺的一个典型。

南山作为深圳市的一个区，是深圳改革开放先行先试的地方。如今的南山不仅是深圳经济最为发达的地方，也是改革开放条件下社会结构变化最为深刻，社会组织形态展现全新面貌，社会成员思想理念、文化观念以及社会价值观发生巨大变化的地方。一句话，南山与40年前相比，社会成员的生产方式、生活方式和思想方式都发生了沧海桑田般的巨变。如今的南山是全新的南山，如今的南山也许意味着中国许许多多地方的明天。

经过40年的奋斗和探索，南山取得了引人注目的巨大经济社会发展成就，创造了巨大的财富。在取得经济进步的同时，南山在社会治理方面的探索及其取得的经验和成就也许更值得人们关注，更具有研究和借鉴意义。昔日南山是一个拥有29个行政村，人口不足2万人，以农业为主，GDP不足1000万元的小镇。经过40年改革开放，南山从一个农业小镇一跃成为现代化国际海滨城区，2017年南山区GDP已超过4500亿元人民币，稳居广东省区（县）第一名、全国第三。南山区的实际管理人口达到220万人。

随着经济快速发展，社会结构深刻变化，社会关系和人们的思想意识、行为方式的巨大变化，社会治理成为一个重大的挑战。如何使社会制度、管理模式迅速适应社会发展的新形态，如何为促进经济社会发展，为人民安居乐业、追求和享有美好幸福生活，提供公共管理资源与服务保障？经过40年来的不懈探索，南山终于摸索创建了一种适应现代化快速发展的新型基层社会的管理模式——"一核多元"的社区治理模式。所谓"一核多元"模式，就是以社区党委为领导核心，实行多元主体共治，居民委员会、社区工作站、社区党群服务中心、各类社区组织、物业管理公司、驻区单位等多元主体共同参与社区治理。这种行之有效的基层与社区治理模式在促进经济社会发展中，在维护社会和谐稳定方面发挥巨大作用，显现出强大生命力和实用价值，在深圳得到了广泛的推广运用。

改革开放给中国各个方面带来了深刻变化。从社会治理的角度看，改革开放前后中国在社会治理方面发生的最深刻变化在于社会治理的界面发生了根本性转移。改革开放前，中国实行集中统一计划管理模式。在计划管理模式下，社会治理的终端，或者说国家与社会的交集之处是"单位"，即人们的工作场所。那时在城市，社会治理单元是大大小小的企事业或商业服务业单位，在农村则是人民公社的生产队。改革开放以后随着经济社会发展，随着社会结构性变化，随着原有单位的消失及功能的转变，国家对社会的管理、国家与社会的交集逐渐从单位退出，逐渐转移到了人们的生活场所——社区。社区成为社会治理的主要界面。这是改革开放以来中国社会层面发生的最重要最深刻的变化。南山所提供的恰恰是新的社会条件下基层社会治理的重要而成功的经验。因此，南山基层社会治理的"一核多元"模式具有重要的时代意义。从社会治理角度看，"一核多元"模式也许是南山实践的最大价值所在。

南山基层社会的治理实践一直为中国学术界以及国外中国研究界所关注。深圳及南山也是我们中国社会科学院政治学研究所多年来关注和研究的一个重点地方。我是在来深圳及南山调研时认识本书的合作者唐奕主任的。唐奕在南山基层治理领域工作多年，是南山改革开放的亲历者和见证人，同时他更是全程参与了南山社区治理的实践探索，是创建"一核多元"治理模式的探索者之一。唐奕又是一个具有理论思维能力的学者型基层官员，他不仅勤于实践探索，又十分注意理论思考和总结。多年来在紧张繁忙工作之余，唐奕撰写了多篇理论文章，甚至学术论著。他在学术界已颇有名声。几年前，结识唐奕后我萌生了一个想法，我想能否由理论工作者与实践工作者一起对我国改革开放以来的政治与行政体制改革实践、社会治理实践进行观察、梳理和总结，最终归纳提炼出基于本土实践及经验的中国理论。我的想法与唐奕一拍即合，于是就有了这部呈献给读者的研究总结南山治理的著作。不同的时代有不同的学问，不同的时代有不同的做学问方法。这部著作是实践工作者与理论工作者的联袂之作，这也许能在一定程度上折射出当今时代做学问的一种方式方法。

本书约 15 万字，分为六章。第一章"南山的春天"，介绍了深圳作为中国改革开放前沿的背景和南山区的概况。第二章"社会治理的新起点"，全面介绍分析了深圳以及南山城市化现代化发展的基本进程和基层社会出现的新情况新问题。第三章"社会转型期的社区治理"，分析论述了改革开放带来的新变化对社区治理产生的广泛而深刻的影响。第四章"南山基层治理理念"，介绍分析了通过长期实践探索形成的新的社区治理理念。第五章"'一核多元'的社区治理模式"，分析介绍了南山"一核多元"治理模式产生的背景及其在南山区社区治理中发挥的重要作用。第六章"南山的成功之道"，分析总结了南山治理模式成功的原因——区位优势与制度优势以及治理南山的主要经验，即在社会治理中坚持党的核心领导，遵循客观规律办事，建设小政府强政府、大社会好社会。

南山发展和变迁是中国改革开放的一个缩影，南山的成功之道蕴含了中国崛起的内在逻辑。南山经济社会发展及基层治理取得的成就，反映了中国模式的一个侧面。它向世界展示了中国特色社会主义蓬勃生机活力和光明前景，证明了改革开放，是中国实现工业化、现代化，实现人民富裕、国家强盛的必由之路。在改革开放 40 周年之际，我们预祝南山继续与祖国同行，与时代共进，创造更加美好的未来。

目　录

第 一 章

南山的春天

深圳，别称"鹏城"，是中国南方一座美丽的滨海城市，毗邻香港。深圳南临南海与太平洋连接，拥有 260 公里的海岸线，城市总面积 1996.85 平方公里，管理人口超过 2000 万人，是中国副省级计划单列市，下辖 9 个行政区和 1 个功能区。

南山区是深圳市 9 个行政区之一，位于深圳西南部，古称"南头"，自公元 331 年东晋设立东官郡以来，长期作为历代郡治或县治所在地，被称为深圳和香港的历史之根。中国改革开放第一炮在南山的蛇口打响。

◇◇ 一　春到鹏城

《春天的故事》是一首唱遍大江南北的歌曲，它也是中国改革开放以来深圳发展的写照。"一九七九年那是一个春天，有一位老人在中国的南海边画了一个圈，神话般地崛起座座城，奇迹般地聚起座座金山……走进万象更新的春天。"

在建立经济特区前，深圳是广东省惠阳地区宝安县府所在地。这一带水泽密布，"圳"有"田边水沟"的意思。宝安作为郡县的历史可以追溯到1700多年前。东晋咸和六年（331年）设东官郡，下辖宝安、兴宁等6县。当时的宝安县辖地大约为如今的深圳市、东莞市及香港全部。中华人民共和国成立后，1949年10月16日，宝安县城设于深圳圩。1969年，深圳作为宝安县的行政中心，成为内地和香港的经济通道及交通枢纽。1979年1月，广东省委发文撤消宝安县，成立深圳市。

（一）"不改革开放，只有死路一条"

1979年以前，由于毗邻香港，宝安县长期实行确保边防的方针，经济发展十分缓慢，是广东省最落后的地区之一。根据深圳市统计局公布的数据，1979年，深圳市GDP（国内生产总值）1.96亿元人民币，人均GDP仅606元人民币。第一、二、三产业比重分别为37%、20%和37%。户籍人口约31万人。

由于与香港经济生活水平的强烈反差，深圳历史上共出现了4次大规模偷渡逃港潮。据广东省委边防口岸领导小组办公室的统计，1954—1980年，官方明文记载的"逃港"人员达56.5万多人次。[①]经历了多次大逃港，留在宝安农村的劳动力不足10万人，且多为年老体弱者，全县40多万亩水田约10万亩抛荒。人民生活贫困。1978年，深圳农民分配收入平均每人134元，同期香港新界农民收入

---

① 刘火雄：《用生命作赌注偷渡香港 震动中央的"大逃港"风潮》，《文史参考》2010年第13期。

13000 多港币，两地农民收入差距很大。① "深圳只有三宝：苍蝇、蚊子、沙井蚝；十室九空逃香港，村里只剩老和少"，这首民谣，是当时深圳的写照。

当时深圳的文化教育设施，只有一个新华书店和一家 20 世纪 50 年代建设的容纳不足 1000 人的老剧院，没有报纸和电视台；有 4 所高中和 12 所小学，没有大学等高等教育机构；深圳那时有 4 家医院，但医疗设备陈旧，医疗水平低下。

1976 年，中国结束了历时 10 年的"文化大革命"。1977 年 11 月，复出后的邓小平将视察的第一站定在广东。当时的广东省主要领导向邓小平汇报情况，"逃港"作为重大的恶性政治事件被捅了出来。邓小平听了报告，缓缓地转过身来，平静地对大家说："这是我们的政策有问题，此事不是部队管得了的。"②

当时"文化大革命"刚刚结束，中国百废待兴。面对发达的欧美资本主义国家，日益崛起的"亚洲四小龙"韩国、新加坡、香港地区和台湾地区，中国领导人深切感觉到与世界的差距。"中国下一步该如何走"是摆在当时中国领导人面前刻不容缓和必须回答的问题。1978 年 1 月—1979 年 2 月的一年间，邓小平相继访问了缅甸、尼泊尔、朝鲜、日本、泰国、马来西亚、新加坡和美国 8 个国家。1978 年 3 月 18 日，在全国科学大会开幕式上，邓小平明确提出，"独立自主不是闭关自守，自力更生不是盲目排外，我们不仅因为今天科学技术落后，需要努力向外国学习，即使我们的科学技术赶上了世界先进水

---

① 许黎娜、贾云勇：《广东原省委书记：民主政治是人类共同财富》，《南方都市报》2008 年 4 月 8 日。

② 刘火雄：《用生命作赌注偷渡香港 震动中央的"大逃港"风潮》，《文史参考》2010 年第 13 期。

平，也还要学习人家的长处"①。

1978年，中国政府派了几批代表团出访。时任国务院副总理的谷牧带队赴法国、瑞士、比利时、丹麦、联邦德国等西欧五国考察，另一路赴港澳经济贸易考察团由国家计委和外贸部相关负责人组成。赴港澳经济贸易考察团在向国务院提交的《港澳经济考察报告》中提出，要把靠近香港、澳门的宝安和珠海划为出口基地，力争在3—5年内建成具有一定水平的对外生产基地、加工基地和吸引港澳客人的游览区。

1978年6月1日、3日、30日，中共中央政治局三次开会，专门听取了访日代表团、访港澳代表团和访西欧五国代表团的汇报。经过多个代表团出国访问回国后的总结交流，把虚心向外国学习先进的技术、先进的科学、先进的管理作为振兴中国经济的一条路径，实施"对外开放"政策形成了共识。

1978年底，中共十一届三中全会召开之前，中共中央在北京召开历时36天的中央工作会议。会议期间，时任广东省委第一书记习仲勋在发言中希望中央能给广东更大的支持，多给地方处理问题的机动余地，允许广东吸收港澳华侨资金以及开展"三来一补"等。他的发言得到了与会者的赞同和支持。1978年12月，中共十一届三中全会正式作出"改革开放"的重大决策。

20世纪70年代末，许多香港小老板回到宝安来办工厂，"三来一补"雏形已现。所谓"三来一补"，即来料加工、来样加工、来件装配和补偿贸易，是中国大陆在改革开放初期尝试性地创立的一种企业加工贸易形式。中共十一届三中全会召开的当天，获得"深轻宝

---

① 邓小平：《在全国科学大会开幕式上的讲话》，《邓小平文选》第2卷，人民出版社1994年版，第91页。

001 号"批文的上屋怡高电业厂在深圳石岩开业。此后,"三来一补"企业成为深圳经济特区引进外资的主要形式。宝安县的农民边搞"引进外资",办"三来一补"企业,边向香港出口鸡鸭鱼等农副产品。生活改善了,老百姓也不往香港跑了。深圳的经济发展有了起色。1979 年 1 月中共广东省委发文,撤消宝安县,成立深圳市。1979 年 3 月,国务院批准将广东省宝安县改为深圳市。

1979 年初,时任广东省委书记的吴南生到汕头传达中共十一届三中全会精神。汕头与香港的差距使这个出生于汕头,14 岁参加革命的省委书记感到震惊。历史上,汕头的商业繁荣可以与香港媲美,恩格斯曾经说过,汕头是当时"惟一有点重要作用的"口岸城市。[①]而眼前,他所熟悉的楼房残旧不堪,摇摇欲坠;城市公共设施陈旧,夜里漆黑一片;人民生活困苦。香港却已经成为举世闻名的"亚洲四小龙"之一。近 30 年后,吴南生回忆起当时的情景仍然感慨万千,"30 年过去了,特别是经过'文化大革命',眼前的这座城市真是满目凄凉,比我们小孩子的时候都还穷呵!""那段日子睡不好觉,闭上眼睛就想:我们当年豁着性命扛起枪杆闹革命,可不是为了换取眼前这样一副江山啊!"[②]

在香港、新加坡朋友的启发下,吴南生产生了一个大胆的想法:办出口加工区!在沿海划出一块地方,减税收、简化手续,打破条条框框,下放权力,彻底开放,办出口加工区,利用外资发展经济。吴南生迫不及待地用电报给广东省委第一书记习仲勋、第二书记杨尚昆

---

① 恩格斯:《俄国在远东的成功》,《马克思恩格斯选集》第 1 卷,人民出版社 2012 年版,第 823 页。

② 许黎娜、贾云勇:《广东原省委书记:民主政治是人类共同财富》,《南方都市报》2008 年 4 月 8 日。

等领导同志发了 1300 字的信，汇报了自己的想法。习仲勋非常重视吴南生的意见，在回到广州的当晚，就到吴南生的家中与他交换了意见。

1979 年 3 月 3 日，吴南生在广东省委常委会议上再次建议广东先走一步，在沿海划出一块地方，用各种优惠政策吸引外资。他的想法得到了省委第一书记习仲勋和常委们的赞同。习仲勋当场表态："要搞都搞，全省都搞！"最后大家商量，在汕头、深圳、珠海 3 个地方搞，并将试验区初步定名为"贸易合作区"。1979 年 4 月，中央工作会议上，习仲勋代表广东省委向中央正式提出创办"贸易合作区"的建议，"希望中央给点权，让广东先走一步，放手干"①。在深圳、珠海、汕头划出一些地方搞"贸易合作区"，以利于华侨、港澳同胞和外商投资，按照国际市场的需要组织生产。他的建议引起中央的高度重视。邓小平说，"还是办特区好，过去陕甘宁就是特区"，"中央没有钱，你们自己去搞"，"杀出一条血路来"②。

1979 年 6 月 6 日，中共广东省委向党中央和国务院上报《关于发挥广东优越条件，扩大对外贸易，加快经济发展的报告》，向党中央提出充分利用国内外的有利形势，发挥广东的特点和人文地缘优势，让广东在改革开放中先走一步的请求。6 月 9 日，福建省委也提出类似报告。7 月 15 日，中共中央、国务院批转广东和福建两个省委的报告，即"中发〔1979〕50 号文件"，决定在深圳、珠海、汕头、厦门试办"出口特区"。中共中央指出："对两省对外经济活动实行特殊

---

① 王全国：《习仲勋提出让广东先走一步：坚决搞大胆搞放手搞》，《深圳特区报》2013 年 10 月 13 日。

② 参见吴松营《邓小平南方谈话真情实录》，人民出版社 2012 年版。

政策和灵活措施，给地方以更多主动权。"①

鹏城迎来了春天！

（二）创建经济特区

经济特区是中国特有的经济开发区，国家对经济特区实行特殊的经济政策和特殊的经济管理体制，给予对外开放的优惠政策，以利于其吸收外国投资、实现国际经济合作。1979 年邓小平提出要开办"出口特区"。1980 年 3 月 24 日，中共中央将"出口特区"正式命名为"经济特区"。

1980 年 8 月 26 日，第五届全国人大常委会第十五次会议决定，批准国务院提出的决定在广东省的深圳、珠海、汕头和福建省厦门建立经济特区。1981 年 3 月，深圳市升级为副省级计划单列市。

按照《广东省经济特区条例》规定：特区鼓励客商及其公司投资设厂或与我方合资设厂、兴办企业和其他工业，并在税收、金融、土地和劳动工资等方面予以优惠的条件。实行不同于内地的管理体制和以中外合资、合作经营企业、外商独资企业为主，多种经济形式并存的综合企业、综合体制。

1979 年，深圳市初建时，只对先行开发的深圳镇、蛇口镇和沙头角镇 3 个镇进行了规划，以来料加工工业为方向，进行城市基础设施的建设。按照规划，当时深圳市规划建成区面积为 10.65 平方公里，人口规划为 20 万—30 万人。1980 年深圳经济特区成立后，城市定位为"建设以工业为主，工农相结合的边境城市"，拟定了城市规

---

① 叶晓滨、叶志卫：《习仲勋：广东改革开放奠基者》，《深圳特区报》2012 年 12 月 7 日。

划，即建成区面积扩大到 60 平方公里，人口 60 万人，这应当是深圳经济特区最早的城市规划。经济特区激发的经济活力使城市规划不断被突破。

根据 1981 年中共中央 27 号文件，明确深圳经济特区要建设成为"以工业为主，兼营商业、农牧、住宅、旅游等多功能"的综合性经济特区。深圳市政府 1982 年编制了《深圳经济特区社会经济发展大纲》，规划到 2000 年特区人口规模为 80 万人。

1984—1986 年编制的《深圳经济特区总体规划》由广东省人民政府批准实施，是特区城市建设的里程碑。按照规划，确定了"工业为重点的综合性经济特区"的城市特质，城市用地达 122.5 平方公里，并预留了足够的发展用地，共规划了 15 个工业区，179 个居住区，人口规模 110 万人，22 个市级公园，9 个旅游区，1 个风景区和总长 140 公里的道路绿化带。同时提出了规划城市中心区的构想，为福田中心区成为深圳作为国际化都市的重要区域埋下了伏笔。交通规划则以 200 万人为基数，构筑了"三横十二纵"的道路结构，为日后深圳大发展情况下仍然保持交通基本通畅打下了基础。在规划中还明确提出了建设国际标准和现代化城市的目标。如今，这些规划目标早已成为历史。2017 年，深圳常住人口达到 1252.83 万人；全年本地生产总值 22438.39 亿元；经济总量在全国排在第三，仅次于上海、北京。

当时投身于深圳经济特区的建设者们，以前所未有的热情投入改革开放这个火热时代，创造出许多脍炙人口的新名词，这些新名词后来又演变为深圳精神，甚至是时代精神。如 1982 年，深圳市为了建设一座在亚洲乃至世界上数得上的标志性建筑——国贸大厦，向世界展示中国改革开放的精神，创造了"3 天一层楼"的建筑速度，当时香港的最快速度是 5 天一层楼，美国是 4 天一层楼，"深圳速度"因此叫响，成为中国改革开放快速发展的象征。

经济特区的起步阶段是大力发展"三来一补"出口加工业。深圳充分利用中央给予的政策优惠和毗邻香港的地缘优势，借助香港地区以及日本、韩国、台湾地区制造业大规模向中国大陆进行产业转移的契机，大力引进和发展"三来一补"出口加工业。

1985年深圳全市与外商签订协议达4696项，协议投资33.5亿美元，占中国大陆直接引进外资的1/6。到1990年，全市累计审批的"三来一补"项目已超过8000项，工缴费①收入超过10亿美元，成为深圳市外汇收入的重要来源。此外，"三来一补"企业还为当时深圳的农村发展提供了资金，据宝安县1990年统计，全县工缴费收入达10亿元人民币，相当于全县农村收入的80%。"三来一补"企业的发展为深圳的经济发展打下了坚实的基础。

当时深圳的境况是，城市建设热火朝天，到处都是建筑工地，道路不断延伸，建筑物日新月异，拔地而起，一天一个样，一年大变样；投资建厂的外商汹涌而至，人流、物流、资金流源源不断地从香港、台湾、日本、韩国汇集到深圳，经济部门官员应接不暇。深圳成为中国大陆经济发展最具蓬勃朝气的地区之一。初步形成"产业以电子为主，资金以外资为主，产品以外销为主"的外向型格局。出现了至今还独占鳌头的龙头企业，如华强电子、赛格电子、康佳电子等著名企业，以及华强北电子商业街、东门商业街等著名的商圈。据统计，1980—1991年，深圳平均GDP增长速度达到50.62%，是同时期美国的19倍，日本的28倍。工业产值从1980年的1.0632亿元人民币，增加到1991年的315.3966亿元人民币。

---

①　工缴费是企业完成来料加工业务而收取的加工费用，一般包括合理的成本、利润和营业税。

深圳经济特区的建设得到了全国人民的支持。在 20 世纪 80 年代的经济建设中，除了大力发展"三来一补"企业，深圳还存在另一种主要的经济形式——内联企业。据统计，到 1990 年，中央各部委办局和内地各省市均在深圳设有办事处，开设公司或兴办企业数最多的时候达 19827 家。至今，人们走在深圳街头，还可以看到许许多多以内地省名、地名和中央部委办局名称冠名的大楼和企业，如上海宾馆，是上海市在深圳最早建设的办事处大楼，目前在高楼林立的深圳早已变得不显眼，但在 1985 年开业时它是一个标志性建筑，享有"深圳的坐标原点"美誉，是一个时代的记忆，伴随和见证着深圳的成长。至今公交站点依旧以上海宾馆命名。类似的还有江苏大厦、湖北大厦、四川大厦、福建大厦以及中国电子大厦、中航大厦，等等。许多内联企业还充分利用深圳改革开放的有利条件，通过强强联合，错位发展，把大量的资金、技术、管理经验引进中国大陆内地，使深圳经济特区真正成为中国对外改革开放的窗口，进一步推动了内地各省市的经济发展，并带来了全中国社会的变革。

解放思想、改革开放的理念通过深圳这个"试验田"，在中国成功叫响，成为中国人民自强不息、奋勇前进的动力源泉。1988 年 11 月，国务院正式批准深圳在国家计划中，包括财政计划，实行单列，并赋予其相当省一级的经济管理权限。

整个 20 世纪 80 年代，随着"三来一补"企业的不断发展壮大和城市规模的不断扩大，服务业喷发式发展，成为推动深圳经济的又一增长极。如物流行业，从最初的运输行业为主，朝仓储、转运、贸易方向快速发展。旅游业也随着华侨城片区开发，西丽湖、香蜜湖旅游度假村、锦绣中华、中国民俗文化村和动物园等主题公园的落成迅猛发展。酒店、餐饮、公交等配套服务业蒸蒸日上，从业人员也快速增长。"百万劳工下深圳"成为时代的名词。街头小巷人来人往，中国大地以前所未有的欣欣向荣景象向世界展示了改革开放的决心和活力。

进入 20 世纪 90 年代后，深圳社会经济快速发展。1997 年，深圳在总结原有规划基础上，出台了《深圳城市总体规划》，面对 21 世纪提出了深圳的远景目标，引入了可持续发展的城市规划理念，从社会、经济、环境与资源可持续发展的角度，对全市城市土地进行了宏观布局。为今天的深圳城市发展规模作出了规划。

1992 年，《春天的故事》从南至北唱遍中国，深圳的改革开放和经济发展又进入了一个新的春天。"一九九二年又是一个春天，有一位老人在中国的南海边写下诗篇，天地间荡起滚滚春潮，征途上扬起浩浩风帆……你展开了一幅百年的新画卷，捧出万紫千红的春天。"

由于 20 世纪 80 年代发展起来的"三来一补"企业多为劳动密集型低层次产业，面对周边国家和地区高新技术产业的日新月异，深圳开始了被形象地比喻为"腾笼换鸟"的产业升级二次转型。为保持竞争优势，深圳 1990 年制定了《深圳市科学技术发展规划（1990—2000）》，提出了"以科技进步为动力，大力发展高新技术产业和第三产业"的战略方针，明确提出到 90 年代末，科技进步对国民经济主要指标的贡献比重，从 80 年代 20% 提高到 50%，高新技术产业值占全市工业总产值比重从 10% 提高到 30%，力争科技发展水平进入全国先进省市行列。

进入 21 世纪，面对长三角、珠三角的竞争，深圳面对"四个难以为继"，即土地、资源、人口和环境的相对短缺，需要再次谋求产业结构调整和整个的城市升级改造。此次产业转型主要表现为三种形式：

一是发展先进制造业。通过旧厂房改造引进新兴产业，实现产业转型、人口优化。

二是发展现代服务业。以深圳华强北商圈为典范，这里发布的"华强北中国电子价格指数"，成为影响东南亚电子市场交易的晴雨表。根据2018年1月发布的最新数据，华强北商圈现有各类电子专业市场30个，总经营面积52万平方米，是亚洲最大的电子信息产品展示交易市场，年营业额超1000亿元。

三是发展创意产业圈、设计之都等特色工业园区，把传统工业园改造为与城市发展新定位相匹配的高科技产业基地。

1999年，首届中国高新科技成果交易会在深圳召开，时至今日已成功举办了19届。深圳先后出台了50多个鼓励自主创新、发展高新技术产业的政策，华为、中兴通讯、金蝶软件、科兴、华强文化、迈瑞生物等一大批本地高新科技企业茁壮成长，一些跨国机构也纷纷在深圳设立资本与技术密集型的制造基地。如IBM、松下、意法半导体等。截至2017年，世界500强企业在深圳落户的累计达280家。

如今的深圳已经成功实现了产业转型，成为名副其实的创新之都。高新技术、金融、物流、文化产业成为带动深圳经济社会发展的四大支柱产业。2017年深圳累计有国家级高新技术企业达1.12万家，其中新增国家级高新技术企业3193家。

1990年深圳证券交易所成立，成为中国内地两大证券交易所之一。全国人民对市场经济从认识到认可，从追逐到狂热，出现了1992年8月100万股民抢购深圳新股的所谓"8·10"股疯事件。经过艰难的探索，深圳金融业从无到有，从小到大。1993年，深圳设立了金融中心，对活跃、组织和监督货币市场起到了积极作用。至20世纪90年代末，深圳初步建立起相对发达的金融体系和相对完善的金融制度。如今，金融业已经成为深圳市重要的支柱产业，截至 2017 年底持牌金融机构总数达 439 家，其中法人 188 家，金融资源集聚效应增强。2017 年深圳市金融业实现增加值 3059.58 亿元，占同期全市 GDP 的 13.6%。在英国智库 Zyen 集团发布的最新一期"全球金融中心指数"（GFCI）排名中，深圳排第 22 位，在国内城市中仅次于香港和上海。

深圳是中国大陆风险投资机构最集中的城市。截至 2016 年深圳注册登记的各类股权投资基金企业数量突破 3.87 万家，各类创投机构数量约占全国 1/3。截至 2017 年 6 月深圳 VC/PE 机构近 5 万家、注册资本约 3 万亿元。[①] 深圳的风险投资规模已远超香港。根据中国证券投资基金业协会公布的数字，截至 2017 年 8 月底，深圳市登记的私募基金管理人 4092 家，占全国 19.81%，居全国第二。面对高新科技产业的快速发展，深圳政府成立了中小企业信用担保中心，出资组建高新投、中科融、创新投等风险投资机构，为中小科技企业提供融资渠道，同时出资成立了国际高新技术产业交易所，为风险投资提供退出平台。深圳和香港两地金融业合作也同步推动，建立了港币支票双向联合结算机制，使港币由国际结算变为同城结算。

物流业的快速发展也是深圳 20 世纪 90 年代经济发展的显著特点。最为典型的是深圳港的建设发展。为适应深圳大规模基建和经济快速发展的需要，从 20 世纪 80 年代开始，深圳港的建设以散杂货专业泊位和通用码头泊位为主，经历了一个高速增长的过程。从 1991 年开始，深圳港就进入中国沿海十大港口行列。后经过不断扩建，截至 2017 年底，全市拥有港口泊位数 156 个，其中万吨级泊位 74 个。

---

① 辜胜阻：《创新经济应该成为粤港澳大湾区第一关键词》，中宏网，2017 年 8 月 9 日。

挂靠深圳港的国际班轮航线 236 条。2017 年，深圳港集装箱吞吐量达到 2521 万标箱，连续 5 年稳居全球第三大集装箱港。蛇口太子湾邮轮母港建成可停靠世界最大邮轮的码头泊位。

深圳宝安国际机场的发展，印证了深圳作为物流基地和区域经济中心发展的历程。1991 年深圳机场开始建设运营，当时设计能力为客运 450 万人次/年，货运 34 万吨/年，曾被赞为"达到国际一流水平"。随着深圳经济快速发展，仅仅 20 年，老机场就已不堪重负，2011 年开始扩建再扩建。2013 年底新机场投入使用，2017 年吞吐量客运达到 4561 万人次/年，成为世界最繁忙的机场之一。

进入 21 世纪，随着中国改革开放的深入发展，深圳的经济发展迅猛，文化产业也呈现出喜人的发展态势。从 20 世纪 80 年代末开始，人们的记忆中，中国民俗文化村、世界之窗等主题公园以及南头古城、大鹏古城就是深圳文化产业的代表。后来，大芬油画村的发展又让文化作为一种产业为世界了解深圳提供了样板。大芬油画村占地 0.4 平方公里，拥有画廊、工作室及绘画材料门店 1200 多家，从业人员 1.5 万人，是集油画生产、创作、展示、交易、培训及旅游休闲等功能于一体的特色文化产业基地。

深圳经济特区应时代而设，是中国改革开放的"试验田"，也是人才汇集、创新的乐土。"人才优势"铸造了"创新优势"，体现在文化产业上。一方面，政府把文化产业作为新兴战略性产业加以引导和扶持；另一方面，形成了"文化+"模式："文化+科技"，"文化+创意"，"文化+金融"，"文化+旅游"等发展模式。最有代表性的事件是从 2004 年开始，每年一度的"中国（深圳）国际文化博览交易会"。2017 年的第十三届博览会，吸引了 2302 个单位参展，美国、英国等发达国家和埃及、马来西亚等"一带一路"沿线共计 35 个国家和地区参展，重点展示"一带一路"沿线国家地区的传统工艺美术、创意设计、非物质文化遗产、文化旅游及演艺等内容。

经过 30 多年的快速发展，深圳的经济社会发生了翻天覆地的变化，GDP 以年平均 25% 的速度增长，2016 年公布的一份数据显示，深圳以全国约万分之二的国土面积、不到百分之一的人口，贡献了全国近 5% 和全省 31% 的收入份额，对全国地方级和全省收入增长的贡献分别达 8.2% 和 39.4%。

深圳由改革开放前的一个边陲小镇发展为今天的特大型国际化城市，创造了人类工业化、城市化、现代化过程中的一个罕见范本。

◇ 二 "蛇口模式"

在深圳有个说法："先有蛇口，后有深圳"。1979 年 7 月 8 日，蛇口工业区填海建港的开山爆破，被称为"中国改革开放第一炮"。这一炮拉开了中国对外开放的序幕，在中国改革开放历史上开风气之先。

（一）南海边上的"一个圈"

1979 年那个春天，"有一位老人在中国的南海边画了一个圈"，这个圈，圈定的就是蛇口。

蛇口工业区是与它的创始人袁庚的名字联系在一起的。1975 年 10 月，在"文化大革命"中饱受牢狱之灾的袁庚恢复了工作，调任国务院交通部外事局负责人。1976 年底，在一次外事接待中，袁庚了解到丹麦宝隆洋行下属的造船厂仅 1700 人，每年造 12 条万吨级大船，而中国最著名的上海造船厂有 12000 人，每年仅能造出 2 条万吨级船舶，中国制造业与国际先进水平的差距使他震惊。

1978 年，袁庚被交通部党组委派赴香港任招商局常务副董事长。到任后，他起草了《关于充分利用香港招商局问题的请示》报告，提出"立足港澳、背靠国内、面向海外、多种经营、买卖结合、工商结合"的 24 字经营方针。该报告迅速被中央批准，这时亟须找到一块土地来实现报告提出的目标。经过反复比较，袁庚看中了蛇口这块面积仅 2.14 平方公里的小地方。

1979 年 1 月 31 日，袁庚带着《关于我驻香港招商局在广东宝安建立工业区的报告》，到北京中南海向时任中共中央政治局常委、国务院副总理李先念汇报招商局工作，详细介绍了招商局的历史，以及非改革不能图生存的现状，建议要把香港有利条件——资金、技术和国内土地、劳动力结合起来，在蛇口设立工业区。李先念连连点头："现在就是要把香港外汇和国内结合起来用，不仅要结合广东，而且要和福建、上海等连起来考虑。"因为蛇口地域太小，当时中国的地图上找不到，袁庚拿出一张香港出版的香港地图指给李先念看，他说："我们想请中央大力支持，在宝安县的蛇口划出一块地段，作为招商局工业区用地。"李先念仔细审视着地图，指毗邻香港的宝安县新安地界说："给你一块地也可以。"袁庚立即起身，从李先念办公桌上的笔筒里抽出一支削好的铅笔送过去，李先念接过铅笔在地图上一画："就给你这个半岛吧！"①

1979 年 7 月 20 日，由香港招商局集团独立开发、建设、经营、

---

① 参见涂俏《袁庚传：1978—1984 改革现场》，作家出版社 2008 年版。

管理的工业区——蛇口工业区正式运作。外资企业汹涌而至，各种外资、中外合资工厂如雨后春笋般在蛇口工业区纷纷成立，拉开了中国对外开放的序幕，继而像春潮涌动般影响了深圳、广东和全中国。

（二）"时间就是金钱　效率就是生命"

蛇口工业区时间广场上矗立的"时间就是金钱，效率就是生命"的标语牌，向世界展示了经济特区人的实干精神。

1978年，蛇口工业区顺岸码头施工。最初，没有激励机制，1个人1天只能运泥20—30车。为了加快进度，承建商从10月开始实施计件奖励制，完成定额者每车奖励2分钱，超额者每车奖励4分钱。如此低微的奖励却引起巨大的反响，工人平均每天完成运泥量80—90车，最多的每天130多车。工期缩短了1个月，为国家多创造价值130多万元。但是，这种激励机制在当时被指责为"滥发奖金"并遭到叫停。工人的积极性受挫，工程进度明显缓慢下来。1980年5月7日，蛇口工业区建设指挥部向交通部、国务院进出口管理委员会、广东省委特区管理委员会呈送《关于蛇口工业区特区基本建设按经济规律办事实行定额付酬办法的请示报告》，并附上相关调查报告。中央领导了解到这里的情况，批示"发奖金的办法可行"，蛇口又恢复了定额超产奖励。此后的华益铝厂、华美钢厂、南海石油基地等项目也实行了定额奖励制度，工程都比原计划提前竣工。"蛇口效率"成为吸引外商来投资的有利条件。

袁庚和管委会一班人决定提出一个体现"蛇口效率"的响亮口号，进一步激发人们开发建设蛇口的热情。1982年初，微波山下"时间就是金钱，效率就是生命"的标语牌，第一次出现在蛇口人的面前。袁庚曾经回忆说："写这标语时，我是准备'戴帽子'的。"①
这块冒犯了当时"政治正确性"的标语牌，见证了蛇口工业区崛起的
历史，现在这块标语牌被收藏于北京的国家博物馆。

1984 年，邓小平视察深圳，肯定了"时间就是金钱，效率就是
生命"的口号。同年，北京举行的中华人民共和国成立 35 周年庆典
游行上，深圳蛇口工业区的彩车上，展示了醒目的标语："时间就是
金钱，效率就是生命"。

（三）创建股份制公司

当年，中国的国有企业没有经营管理的自主权，事事都需要报
批，蛇口工业区属于全资国营的招商局，也难免事事请示汇报。在动
议开发赤湾港时，袁庚一直在考虑如何让企业获得生产经营自主权，
他想到了香港普遍实行的股份制。袁庚想通过股份制的企业组织形式
规避上级管理部门过多过于繁琐的监管，为企业获得更多的生产经营
自主权。

在袁庚的努力下，经国务院批准，1982 年中国南山开发（集团）
股份有限公司成立，这是中国第一家股份制公司，由香港招商局、中
海油、广东省、深圳市及华润等 6 家股东联合发起。中国南山开发
（集团）股份有限公司从开发经营赤湾港口、石油基地起步，现已发
展成为一家以港航运输、海洋石油服务和物流后勤服务、房地产开
发、集成房屋体系为 4 项核心业务，以国内综合物流业务为新培育业
务，跨行业、跨地区经营的综合性大型企业集团。

---

① 林丹：《"时间就是金钱，效率就是生命"的提出》，《羊城晚报》2008 年 5 月 22 日。

随后的 8 年里，参照中国南山开发（集团）股份有限公司的"股份制模式"，由香港招商局牵头组建的招商银行、平安保险、中集集团等迄今享誉中外的现代企业相继诞生。

除股份制外，蛇口工业区还创造了很多沿用至今的第一：以工程招标的方式管理工程、全国第一家社会保险公司、职工住宅商品化、全国招聘人才、办理培训班、率先实行全员合同制、成立工会……蛇口工业区在经济体制和行政管理体制上进行的全方位配套改革，开了全国经济体制改革的先河。

◇ 三 印象南山

南山区是深圳市 9 个行政区之一，位于深圳西南部。1990 年，深圳市蛇口管理区、南头管理区合并成立南山区。陆地总面积 185 平方公里，海洋面积 329 平方公里，辖 8 个街道和 101 个社区。截至 2017 年底，实际管理人口 220 万人，其中流动人口 126 万人。

（一）深圳和香港的历史之根

南山，是深圳和香港的历史之根。南山因当地的大南山而得名，三面环海，山湖海相辉映，四季如春。2001 年考古发现了乌贝岭遗址，标志着 6700 多年前的新石器时代，就有原住居民百越人繁衍生息在南山。早在 1700 多年前中国的东晋时期，就在此地设置了东官郡，郡所所在地就是如今南山区的南头古城。东官郡管辖范围包括了中国现在广东省大部分地区以及福建省漳州市部分地区，是港澳同胞寻根问祖的源头。

(二) 中国改革开放的发祥地

昔日南山是一个拥有 29 个行政村，人口不足 2 万人，以农业为主，GDP 不足 1000 万元的小镇。经过 30 多年的改革开放，南山已从一个农业小镇一跃成为现代化国际海滨城区，向世界展示着她的非凡魅力。经过近 40 年的发展，2017 年南山区 GDP 已超过 4600 亿元人民币，稳居广东省区 (县) 第一名、全国第三。截至 2018 年，南山区共培育了在海内外上市的公司达 144 家，上市企业密度全国居首。南山已经形成了经济发展的六大重点片区，包括：前海片区，以深港合作和发展自由贸易试验区为主；蛇口片区，将打造成为国家 21 世纪海上丝绸之路的桥头堡、枢纽港和始发站；深圳湾超级总部基地；后海金融商务总部经济区；留仙洞战略性新兴产业总部基地；深圳市高新科技园。

(三) 中国崛起的精彩缩影

南山，是中国的硅谷。南山是深圳创新资源、创新人才、创新载体最集中的城区。拥有华为、中兴通讯、腾讯、光启、大疆创新等一批世界知名企业。2017 年，南山的 PCT 国际专利申请量达到 1.3 万件，南山以一区之力贡献了当年全国 PCT 申请量的 1/4。截至 2017 年底，南山有国家级高新技术企业 2941 家，超过广东省的 1/10、全市的 1/4。2017 年度南山企业和科研单位获得国家科技奖共 280 项，其中取得 5 项国家技术发明奖，5 项技术进步奖。① 南山每万人发明专利拥有量达到国际创新型城市水平，是中国发明专利密度最高的城区。在南山"大众创业、万众创新"蔚然成风。

南山，是国际交往中心。南山地处粤港澳大湾区黄金入海口和中国海上丝绸之路的战略要冲，与香港隔海相望以桥相连，是珠三角地区联系香港和世界的枢纽。深圳港是世界第三大港，总共有 8 个港区，其中蛇口、赤湾、妈湾、东角头 4 个港区属南山辖区，吞吐量占深圳港总量的 52%。133 条国际集装箱班轮航线，基本覆盖了"一带一路"沿海国家和地区。此外，南山区汇集了深圳 80% 的国际教育资源和一半以上的外籍居住人口，有 22000 多名外籍人士在这里居住工作。

南山，是正在崛起的金融中心。截至 2017 年底，前海深港合作区注册的金融类企业 5.8 万家，占前海入区企业总数的 40.19%，合计注册资本 5.54 万亿元。其中，银行类金融机构 49 家，证券业金融机构 96 家，保险业金融机构 27 家，另有融资租赁公司 2727 家、商业保理公司 6070 余家、小贷公司 41 家、融资性担保公司 7 家等，基本形成了横跨不同行业、不同业态、多层次的金融生态圈。② 南山是深圳最大的股权投资机构聚集地，根据中证协注册登记数据，截至 2016 年 8 月，深圳市近 1500 家 PE ＆ VC 机构超过 75% 汇集在南山区。

南山，是中国旅游度假胜地。拥有深圳湾 15 公里滨海休闲带、华侨城景区、野生动物园以及蛇口海上世界等著名旅游景观，覆盖不

---

① 李亚男：《深圳南山区高校企业获 10 项国家科技奖》，《深圳特区报》2018 年 1 月 8 日。

② 资料来源：《深圳新闻网》2017 年 2 月 10 日。

同层次、能满足不同需求的各类酒店。还有深港城市双年展、南山流行音乐节等知名文化品牌，以及深圳湾体育中心、保利剧院、南山文体中心等高端文体场所。

南山，是文化创意产业之区。进入 21 世纪，深圳南山成为全国乃至世界著名的"创意设计之都"和全球动漫产业重要生产基地之一。在"文化南山"背景下，南山区具有孵化器功能和物理空间集聚效应的园区有 7 家，包括华侨城创意产业园、深圳创意产业园、深圳动漫园、南山数字文化产业基地等。以腾讯、华强文化、A8 音乐、雅图等为代表的创意设计、动漫游戏、新媒体、高端印刷等文化科技型企业，发展迅速。南山区文化产业持续健康发展，截至 2017 年底，南山区文化产业法人单位 7700 多家，共建和培育文化产业园区 15 家，文化产业基地 8 家，文化产业教学和培训基地 2 家。雅昌文化、华强方特等 5 家企业成为年度国家文化出口重点企业。

南山经济社会发展取得的成就，是中国崛起的一个精彩缩影。它向世界展示了中国特色社会主义蓬勃生机活力和光明前景，实证了中国人民能够通过改革开放，励精图治，实现社会主义的现代化，实现人民的美好幸福生活。

第二章

社会治理的新起点

　　深圳市是中国城市化进展最快的城市。1978 年深圳建市时，原住民包含许多渔民，因此被称为"渔村"。截至 1978 年底，农业人口含渔民、蚝民共 27 万人，非农人口 6.2 万人，城市化率仅 18.79%。[①] 1992 年，深圳市对特区内原住民进行身份转换，城市化率上升到 71.54%。2004 年深圳市实现对特区外原住民的身份转换，全部村民户口转为城市居民户口，深圳市成为中国第一个城市化率 100% 的城市，南山的社会治理也随之进入了新的历史阶段。

◇ 一　城市化率百分百

　　深圳市在短短 30 多年间，完成了从传统农业社会到现代化大都市的历史性跨越，创造了经济社会快速发展的奇迹。南山区作为深圳的一个区迅速地从城乡接合部变为现代化大都市的核心区。

---

　　① 参见深圳市社会科学院、深圳市光明新区管委会编《新型城市化的深圳实践》，中国社会科学出版社 2016 年版，第 101 页。

（一）城市化发展三阶段

第一波：工业化带动城市化（1980—1991 年）。

深圳市建市初期，以"三来一补"的加工贸易形式承接香港、台湾为主的劳动密集型产业转移，以五金、玩具、制衣、皮革、塑胶、模具、印刷等产业为主。劳动密集型的产业不仅吸纳了本地的劳动力，还吸纳了来自全国其他地区的大量劳动力。深圳第一家"三来一补"企业骏达制造以及福永伟达制造、塘尾汇利五金三家企业在2000 年前后的鼎盛时期，工人数量超过 1 万人。"三来一补"为主的加工业的发展，加速了工业化和城市化的进程。

在 1981—1985 年间，工业化呈现爆发式的发展，第二产业产值年均增长率达到86.9%，第三产业也快速发展，产值年均增长率达到49.2%；1986—1990 年间，第二产业产值年均增长率达到 33.1%，第三产业产值年均增长率达到 16.2%。从劳动就业状况看，1980 年，在国有企业和城镇集体单位就业的劳动者4.86 万人，占全部就业者的32.65%；村镇劳动就业者9.85 万人，占全部就业者的64.8%；私营及个体劳动者0.38 万人，占全部就业者的2.55%。1990 年，在国有企业和城镇集体单位就业的劳动者 55.41 万人，占全部就业者的50.73%；村镇劳动就业者50.45 万人，占全部就业者的46.19%；私营及个体劳动者3.36 万人，占全部就业者的3.08%。

20 世纪 80 年代，快速工业化带动了城市化的加速。在深圳生产总值的三次产业结构构成中，第一产业所占的比重从 1979 年的 37%迅速下降到1991 年的 3.4%，第二产业的比重从 1979 年的 20.5%上升到 1991 年的 47.6%，第三产业的比重从 1979 年的 42.5%上升到1991 年的 49%。在岗职工从 1980 年的 4.86 万人增加到 1991 年的

64.89 万人。①

第二波：农村城市化带动城市化（1992—2003 年）。

由于工业化、城市化的快速发展，城市土地供应十分紧缺。1992 年邓小平南方谈话后，深圳开始了新一轮快速发展。1992 年和 2004 年深圳市两次进行原住民从农村户口向城市居民户口的身份转变，农村村委会转变为居委会社区管理。

1992 年，深圳市出台了《关于深圳经济特区农村城市化的暂行规定》。1992 年 7 月，深圳市特区内的 68 个行政村、173 个自然村和沙河华侨农场改建为 100 个居委会。原来的村级集体资产改制为城市集体股份公司。

在 1992—2003 年期间，深圳市三次产业占全部总产值的比例出现明显差异。1992 年，第一产业总产值为 10.59 亿元，占全部总产值 3.34%；第二产业为 152.24 亿元，占全部总产值 47.98%；第三产业为 154.48 亿元，占全部总产值 48.69%。2003 年，第一产业总产值为 14.2 亿元，占全部总产值 3.96‰；第二产业为 1817.4 亿元，占全部总产值 50.68%；第三产业为 1754.1 亿元，占全部总产值 48.91%。

在 1992—2003 年间，劳动就业状况也发生明显变化，1992 年在国有企业和城镇集体单位及其他各类企业在岗就业的劳动者人数 71.1 万人，占全部就业者的 40.4%；镇村劳动就业者 92.54 万人，占全部就业者的 52.60%；私营及个体劳动者 12.33 万人，占全部就业者的 7%。2003 年，在国有企业和城镇集体单位及其他各类企业就业劳动者在岗人数 108.2 万人，下降到占全部就业者的 20.2%；镇村劳动就业者 239 万人，下降到占全部就业者的 44.6%；私营及个体劳动者

---

① 资料来源：《深圳统计年鉴 2016》。

187.72 万人，上升到占全部就业者的 35.03%。①

以上数据说明，这一阶段深圳市的城市化进程加快，第一产业在总产值中所占比重已经从特区建立初期的 1/3 强收缩到 3‰左右。多种经济形式的企业发展快，国有经济和集体企业就业的劳动者占比在大幅度减少，个体工商业和私营经济发展迅速，解决了 1/3 就业；第三产业发展迅猛，吸纳了大量就业。镇村所办企业规模很大，提供了近半数就业岗位。

第三波：工业化、城市化、现代化同步发展（2004 年至今）。

2003 年，深圳市出台《深圳市委市人民政府关于加快宝安、龙岗两区城市化进程的意见》，确定到 2004 年底前，宝安、龙岗两区 18 个镇 118 个自然村的 27 万村民全部转为城市居民。至此，深圳市成为中国首个达到 100% 城市化率的一线城市。

2004 年以后，深圳市第一产业规模逐渐缩小，第二产业内部结构升级，"三来一补"逐步被深加工替代，加工贸易企业形成较为完善的加工贸易产业集群，形成了电子信息、光机电一体化、家电、机械、轻工、光学仪器、钟表、纺织服装等行业的产业集群，产品本地化配套达到较高水平。2009 年 5 月 5 日，国务院批准《深圳综合配套改革总体方案》，确定了深圳下一步发展的方向："完善自主创新体制机制、加快国家创新型城市建设。"基本思路就是要把自主创新作为国家发展的指导战略，完善自主创新的体制机制和政策环境，优化配置创新资源，提高创新能力，推进核心技术的自主创新，实现电子信息、生物、新材料、新能源、航空航天、环保、海洋等产业技术的快速发展，打造国际化高新技术产业基地，率先建成国家创新城市，成

---

① 资料来源：《深圳统计年鉴 2016》。

为有国际影响力的创新中心。

第三产业，特别是高端服务业的规模不断扩大。2007 年深圳市政府 1 号文件《关于加快我市高端服务业发展的若干意见》，将创新金融、现代物流、专门专业（包括法律、会计、咨询、人才猎头等）、网络信息、服务外包、创意设计、品牌会展、高端旅游 8 大行业确定为深圳市发展高端服务业的战略重点。《深圳综合配套改革总体方案》确定了深圳市高端服务业的发展方向：在粤港澳整个合作框架下，打造国际金融中心、国际物流中心、国际商贸中心、国际创新中心和国际文化创意产业中心，成为最具竞争力的国际化大都市。

（二）新的社会结构

在城市化、工业化、现代化的进程中，深圳市及南山区的社会成分结构、社会阶层、社会组织都发生了广泛而深刻的变化。

1. 社会分化

随着改革开放的深入，市场经济的快速发展，社会分化不可避免。社会分化会带来社会群体间差距拉大、阶层分化、利益分化、观念分化、社会不平等问题。深圳市作为中国改革开放最早的地区，社会分化来得更快更具规模。从深圳经济特区成立之日起，社会分化就伴随着经济的发展而发展，是中国社会分化的代表性城市。

一是经济、文化从政治高度整合中分化出来。改革开放前的中国实行高度中央集权的政治制度和计划经济体制，政治整合功能强大，社会分化程度不高。但深圳经济特区成立并作为市场经济的先行区，随着市场经济日益成熟，社会分工进一步细化，经济逐渐从政治高度整合中分化出来，具有相对的独立性。同时，深圳作为一个人口 30

多万人，以客家文化为主体的边陲小镇，逐渐接纳来自五湖四海超过2000万人的移民，文化的孕育更是独立于政治整合，并随着经济的发展而独立发展。

二是因深圳城区间发展速度和功能规划不同而出现城区分化。中心区与原特区外乡镇、城乡接合部之间差异加大，突出体现在公共服务水平和社会群体聚居的区别上。

三是社会流动加速加深深圳社会的阶层分化。这方面突出地表现在生活在城中村及社会基层的大量农民工，他们在享有社会公共服务和同等国民待遇方面面临着不平等等大量问题。

四是新兴阶层组织化和传统社群重建，使社会面临阶层固化的挑战。富裕阶层更多以现代组织方式使成员紧密联系以维护固有利益，而草根阶层更有倾向于以同乡会等传统形式结盟。阶层分化与固化会逐步加剧社会阶层群体间的矛盾。

五是文化多元化。伴随着经济社会的发展，社会成员观念也发生巨大变化与分化。社会观念的变化，给社会治安、意识形态、社会文明均带来了新的挑战与冲击。

2. 人口结构特征

作为一个年轻城市，深圳市与南山区的人口结构与其他城市有很大的区别。

一是户籍人口占比小。作为中国最大的移民城市，深圳人口增长迅猛，经过30多年的快速发展，深圳的常住人口从30万人左右发展到1000万人以上。由于户籍制度的限制，大多数在深圳工作的人无法在深圳落户，造成户籍人口在常住人口中占比很小，户籍人口与非户籍人口悬殊。1992年，非户籍人口在常住人口中所占比例达到87%，此后长期维持在70%以上。比例最为悬殊的宝安区，非户籍人口占到常住人口的90%以上。

为了扩大户籍人口规模，深圳市采取了很多措施。2008年8月1日起在全市范围内实施居住证制度。根据《深圳市居住证暂行办法》的规定，持有10年长期居住证的居民，将被纳入深圳的社会管理和社会保障体系。根据《关于开展农民工积分制入户城镇工作的指导意见》（粤府办〔2010〕32号）、《深圳市户籍迁入若干规定》（深府〔2005〕125号）推出了"农民工积分入户"制度。2012年发布《深圳市外来务工人员积分入户暂行办法》。农民工在学历、职业资格或专业技术职称、缴纳社会保险、参加义工等社会服务以及获得一定级别以上表彰奖励等方面达到相应标准，即可累积相应分值。一旦积满60分，就具有申请户口的资格。2014年，深圳市又颁布《深圳市人民政府关于进一步加强和完善人口服务管理的若干意见》《深圳市户籍迁入若干规定》和《深圳市居住登记和居住证办理规定》，扩大户籍迁入的范围。2016年，非户籍人口的比例降到常住人口的68%。①

二是常住人口平均年龄低。根据1990年第四次人口普查得到的数据，深圳市常住人口中15—64岁人口的比重83.15%；根据2000年的第五次人口普查得到的数据，全市常住人口中15—64岁的人口为633.47万人，占90.39%；根据2010年全国第六次人口普查得到的数据，全市常住人口平均年龄为30岁，15—64岁人口占总人口的88.4%，是一线城市中难得的处在"人口红利期"的城市。2016年底，深圳常住人口平均年龄为32.5岁，属于全国人口最年轻的城市。0—14岁人口占总人口的13.4%，高于北京、上海、广州；15—64岁

① 资料来源：《深圳统计年鉴2017》。

人口占总人口的 83.23%。[①]

三是受教育程度不断提高。深圳市从发展"三来一补"低端制造业起步，最初的普通劳动者文化素质较低。经过近 40 年的发展，市民的文化水平不断提高，常住人口中接受大学以上教育的比例不断加大。根据 1990 年第四次人口普查得到的数据，深圳市常住人口每 10 万人中具有大学教育程度的市民 4465 人，具有高中教育程度的市民 19219 人。根据 2000 年的第五次人口普查得到的数据，在全市常住人口中，接受大学教育的有 56.49 万人，占 8.06%；接受高中教育的有 156.55 万人，占 22.34%。每 10 万人中具有大学教育程度的有 8060 人；到 2015 年，深圳市具有高中文化程度的就业人口为 209.56 万人，大学文化程度就业人口 188.56 万人。

3. 新的就业结构

建立经济特区以后，深圳市的第一产业就业量逐年快速下降，直至不足千人。第二产业快速发展，吸纳就业数量也非常大。1992 年，从事第二产业的劳动者占全部从业人员的 69.8%。2000—2012 年一直维持在占全部从业人员的 50% 以上。2014 年以后才下降到 50% 以下。

2017 年，深圳市第二产业企业达 18.3 万家。先进制造业占规模以上工业产值增加值比重达 76.5%，现代服务业占第三产业增加值比重达 79.6%，新兴产业增加值对 GDP 贡献率达 80%。第二、三产业比重为 45∶55。人均 GDP 超过 5 万美元。

随着深圳现代物流业的高速发展，交通运输业从业者群体本身的结构又发生了较大的变化，传统物流逐渐退出市场，掌握和运用现代科技水平、具有现代管理经验的从业人员大幅增加。同时，随着互联

---

① 《2017 深圳常住人口平均年龄 32.5 岁　男女比例逐渐平衡》，《深圳晚报》2017 年 5 月 22 日。

网的兴起，在深圳，像顺丰快递、中铁快递等与普通居民工作生活息息相关的物流公司的发展势头迅猛，造就了一个新的物流从业人员群体——快递员。截至 2017 年末，深圳各类物流企业与供应链企业逾1.73 万家，营业收入超百亿元的物流企业 1011 家，上市及挂牌物流公司 8 家。2017 年，深圳实现物流业增加值超 2276.39 亿元，物流业增加值占 GDP 的比重超过 10%。快递从业人员 8 万多人。①

大量的农民工，特别是第二代农民工，在深圳经济发展浪潮中，自觉学习，努力进取，加上企业主由于企业发展刻意的引导和培训，一大批农民工通过学习实践成为企业的技术骨干，这个占比超过了技术工人总数的 50% 以上。

深圳的第三产业发达，人员数量也很大。2017 年，登记的第三产业企业 158.3 万户。2016 年第三产业从业人员达到 507.82 万人，其中仅从事批发和零售的从业人员就达到 190.5 万人；以个体私营商业批发为主，从业人员达到 161.5 万人；从事住宿和餐饮业的人员也有 42.5 万人，其中个体私营从业者 32 万人。②

深圳金融业、旅游业、文化产业等高端服务业非常发达，各种新业态吸引了来自全国的人才。2016 年，深圳市从事 IT 及相关产业的有 40.57 万人，金融业从业人员 12.2 万人，租赁和商业服务业 60.2 万人。房地产业从业人员是一个伴随 21 世纪初中国房地产腾飞而兴起的群体，包括房地产咨询业务员、价格评估师（员）以及房地产经

---

① 资料来源：《深圳现代物流业整体竞争力继续领先全国》，《深圳特区报》2018年 10 月 11 日。

② 资料来源：深圳市统计局、国家统计局深圳调查队《深圳统计年鉴 2017》，中国统计出版社 2017 年版。

纪人。2016 年深圳房地产从业人员 33.8 万人。①

◇◇ 二　新社会阶层

作为一个年轻的城市，深圳的社会阶层与市民结构与其他城市有所不同。建立经济特区以前，深圳市的社会结构比较简单，与全国其他地区相似，由两个阶级一个阶层组成，即农民阶级、工人阶级和干部知识分子阶层。随着深圳经济日新月异的变化，社会结构也发生了深刻的变化。改革开放、市场经济发展的结果，就是打破了人员流动的限制，使生产力最主要的要素充分流动起来，"单位人" 变成了 "社会人"。整个社会结构也由原来工人、农民加知识分子的简单社会结构分化发展为多元化的阶层结构。

（一）新社会阶层的构成

1979 年，深圳建市之初从人口结构看是一个典型的农业社会。在 31.41 万常住人口中，社会劳动者 13.95 万人，其中 9.52 万人为镇村劳动者，占 68.24%，主要从事农业、渔业；国有企业和集体企业的职工 4.02 万人，占 28.82%。从建市到今天，深圳从一个农业社会华丽转身为现代化的国际大都市，它的社会阶层与人口结构都发生了巨大的变化。建立经济特区以后，深圳市出现了原住民、新富阶层、新中产阶层和普通劳动者等四大新社会阶层。

---

① 资料来源：深圳市统计局、国家统计局深圳调查队《深圳统计年鉴 2017》，中国统计出版社 2017 年版。

1. 原住民

深圳市现有原住民约 30 万人。这里的原住民特指深圳原农业户口转型为城市居民户口的群体。之所以作为一个独立阶层，是因为深圳原来的农民在城市化过程中直接转换身份，成为城市居民。在经济特区建立以后，许多原村级集体经济积累了大量的资产，在城市化以后，原来的村级集体资产转型为集体股份合作制公司，原来的村庄变为"城中村"。原住民一般有集体资产分红收入，私人房屋出租收入等。这个群体中的大部分既是劳动者又具有业主身份，他们在经济收入方面不同于其他阶层的深圳市民。

南山区在深圳建市初期，社会结构也同样简单。当时南山有 3 个镇，即西丽镇、蛇口镇和南头镇，共有 29 个行政村，若干个生产小组，基本以农业为主，种植水稻及少量的经济作物，渔民占 1/4，工人数量极少，称不上一个群体。人与人之间的往来不多，自给自足，处于自然经济状态。由于地处边远，南山人民的生活水平甚至比中国内地更为贫困，文化生活极度贫乏，主要以各村的宗族文化活动为主，包括流传至今的元宵节大盘菜、南园村吴氏宗祠祭祖大典、舞麒麟舞狮子以及渔民的开丁节等，是一种典型传统农业社会状态。

南山区有原住民约 2 万人，共有自建房 22931 幢，是南山本地农民建设的"城中村"。他们不仅为初来乍到的来深建设者提供了安全和廉价的居住环境，还为许多来深创业的科技人员、企业主在事业起步阶段提供了保障。2 万原住民为南山区的 52 万流动人口提供了 27 万间（套）住宅，另外他们拥有的原来人民公社时代的集体经济厂房也为南山新兴工业提供了发展空间。

1992 年南山村民转为居民，原来的农村集体经济转为股份合作公司后，原住村民转变为股东，民主选举董事会、监事会，组建经营班子，充分利用国家政策和政府划拨的集体用地，大力发展经济，通过兴建厂房、写字楼出租，入股其他企业和到异地发展等形式，使集体经济力量不断发展壮大。当时南山区有 29 个股份公司，在 1992 年总资产 9.68 亿元，到 2017 年已高达 118 亿元，有的股份公司集体分红每年每人达到 10 万元以上。在市场经济发展中，这个群体素质也得到不断提升，注重原村基本建设，不断优化居住环境，鼓励原村民中青年人读书创业，涌现出了一批优秀分子。

原住民是一个人口规模不太大的群体，但他们是一个极其重要的群体，是深圳以及南山不断得以发展的不可忽视的力量。

2. 富裕阶层

深圳的富裕阶层以企业家为主。1990 年，深圳"三来一补"企业大量涌现，各种内联企业也迅速发展，各种企业达到 19827 家。截至 2017 年，深圳市登记商事主体 306.12 万家，其中内资企业总数 171.9 万家（含私人法人企业 171 万家），外资企业 50769 家，个体工商户 129.13 万户。[1] 庞大的私人企业家群体和部分个体工商户的财富在改革开放中迅速增长，成为中国率先富起来的一部分人。

根据《新财富》发布的《新财富中国 500 富人榜》，自 2014 年以来，深圳"入榜"的富人数量稳居全国第二位。自 2011 年开始，深圳"入榜"的富人超过全国的 1/10。2016 年 63 名，为全国"入榜"富人的 12.6%。2017 年 65 名，为全国"入榜"富人的 13%。在深圳"入榜"的富人中，很多是全国相关产业的领军人物，如腾讯的马化腾、比亚迪的王传福、华为的任正非、顺丰速递的王卫、大疆创新的

---

① 深圳市市场和质量监督管理委员会：《2017 年 12 月份商事主体统计报表》。

汪涛、华大基因的汪健、正威集团的王文银等。马化腾保持了从第一届开始连年入围的纪录，并且在 2017 年排名第四位。近年房地产价格的上涨造就了不少富豪。在深圳 2017 年"入榜"的富人中，从事房地产经营的有 17 人，占入围人数的 26%。

作为经济发达地区，深圳市企业高级管理人员群体数量大，经济实力雄厚，部分企业高管已进入富裕阶层。部分高科技人员、创客、个体私营金融从业者也进入富裕阶层。

改革开放造就的新一代富裕阶层，知识层次高，视野广阔，国际化程度高，对社会发展有独到见解，对政府管理和服务有着不同层次的需求。他们作为中国改革开放的最大受益者和最有成就的人，拥护共产党的领导，希望国家长治久安，期盼自己的事业能顺利发展。他们对改革开放心存感激，当中许多人投身公益慈善，有的还专门设立了慈善基金会，用自己劳动所得回馈社会。如马化腾捐出 1 亿腾讯个人股份，成立了个人慈善基金会，支持在中国内地为主的医疗、教育、环保和公益慈善项目，以及全球前沿科技和基础学科的探索。

3. 中产阶层

中产阶层主要是从事脑力劳动，从事专业技术性较强职业的从业人员。在传统概念中，中产阶层是靠工资及薪金谋生的专业技术人员，但近年来，万众创新成为潮流，许多有知识、有能力的青年选择自主创业，中产阶层的概念也应作出修正。自主择业者和处于创业阶段的小微企业主、个体工商户也应属于中产阶层。随着深圳经济的大发展和产业结构的转型升级，各类专业技术人员、管理人员、金融证券、房地产、现代物流、文化产业等新兴行业中的从业人员，以及大学毕业生们汇集到深圳，形成了规模庞大的中产阶层。中产阶层可分为 4 种类型。

科技人才。进入 21 世纪，深圳的工业化、城市化、现代化建设已粗具规模，正朝着全国经济中心城市、创新型城市和国际化都市方向迈进，急需一大批创新型人才、高端人才来推动社会经济的持续发展，于是深圳市政府采取了各种措施鼓励人才引进，包括海外人才引进，从而进入了高端人才引进期。这些政策包括《深圳市人才引进实施办法》以及《深圳市接收普通高校应届毕业生管理办法》和"人口引进综合评价指数及分值表"，在住房、人才补贴、创业配套优惠政策等方面给海内外人才提供了非常有利的安居和创业条件。

创客。创客是指基于创新、努力将自己的创意变为现实的人。30 多年来，一批又一批创客来到深圳，深圳以海纳百川的胸怀接纳了他们，为他们的发展提供了良好的环境，从而涌现出一批又一批成功的创客。1980—1990 年，可称为"改革者的时代"。全国各地的有志者舍弃传统生活、工作方式，来到深圳，投入特区创业者的队伍。1991—2000 年，深圳社会经济发展到了一定阶段，有一定经济基础，发展势头强劲，经济结构调整为发展高新科技产业时期，吸引了一批敢闯敢试的人来到深圳创业，为深圳经济腾飞注入了新的活力。2001 年以后，深圳各方面都得到了发展，特别是随着互联网兴起，改变了人们的思维方式，拉近了与世界的距离，以创新为核心的各项事业方兴未艾。于是深圳市政府创造条件，为各路英杰来深发展创造了各种有利条件，包括住房、创业补贴、发明奖励、财税扶持，等等，"创客"成为创新深圳的新群体的符号。他们从事创业的行业涉及各行各业，最为突出的是体现在"互联网＋"和"文化＋"上。目前，深圳创客人数估计有 10 万人。根据深圳市网络媒体协会正式发布的《2016 深圳市互联网发展状况研究报告》，深圳网民中，20.6% 的人曾通过网络创业，另外 28.6% 的人在未来一年内有通过网络创业的计划，29.3%的人从事的是与互联网有关的工作。这些创客群体还组成了创客联盟，提倡创客支持创客，是深圳发展的时代要求，也是新时代深圳的象征。

职业股民。深圳是中国最早发行股票的地区。1982年，国内首家通过报刊公开招股的公司——广东省宝安县联合投资公司在深圳成立。1983年7月公司向全国发行"深宝安"股票凭证。1988年4月，"深发展"股票在特区证券挂牌柜台交易，连同随后上柜的"万科""金田""安达"和"原野"，称"深圳老五股"。1991年7月，深圳证券交易所正式开业。1992年8月7日，深交所发布1992年新股认购抽签发售公告，宣布当年发行国内公众股5亿股，发售抽签表500万张，中签率为10%。8月初，150万来自内地各个省份的人涌入深圳买认购证。由此引发了载入中国证券史册的"8·10"事件。第一批股民体验了资本市场的惊心动魄和一夜暴富，有些人决定留在深圳，做职业股民。据深圳市统计局统计，深圳市个体私营金融从业者数量多年稳定在1.6万人以上，2016年为1.7万人。

寻梦大学生。寻梦大学生是深圳中产阶层的后备军。深圳与北京上海广州简称"北上广深"，是中国超大型城市，人口规模庞大、交通拥堵、房价贵、生活成本高、竞争激烈，但创新机会多、创业环境好、成功概率高。"如果你爱一个人，就送他到北上广深，因为那里是天堂；如果你恨一个人，也送他到北上广深，因为那里是地狱"，这是网上流传的青年大学生们对深圳的复杂心情，但他们最终选择来了。寻梦大学生进入深圳主要开始于20世纪90年代，随着高新科技产业的兴起，深圳成为创业者的乐土、创新的摇篮，这对成长于改革开放后的大学生们的吸引力是巨大的，于是90年代在深圳各种招聘场所、人才市场人头攒动的大学生，与80年代从全国蜂拥而至的农民工一起，形成了深圳吸引人才的亮丽风景线。在深圳经济得到高速发展并取得显著成效的情况下，求职的大学生大量涌向深圳，深圳的社会成分发生了质的变化。深圳成为中国大学生最喜欢的城市之一。部分寻梦大学生经过多年的努力，梦想成真，成为行业领军人物；大部分大学生成为企业的管理者、技术人员、科研院所的研究人员、教育医疗单位的教师和医生、新媒体从业人员。

总的来看，深圳的中产阶层普遍受过良好的高等教育，拥有稳定工作和固定住所，收入中等、生活稳定，大部分人具有深圳户籍，是城市和谐稳定的主力军。他们希望国家强大、城市和谐、生活丰富，憧憬通过不断学习和努力工作获得更多的发展机会，不断提高生活品质。他们中的许多人来自寻梦大学生和农民工中的优秀分子。中产阶层感谢改革开放给他们的发展机会，他们希望社会稳定，有更好的法治环境和发展空间；他们关心时事，在乎自己身边的事，积极投身公益事业，不断改善邻里关系，影响政策决策，是社会治理共建和谐家园的主力军。

4. 普通劳动者阶层

普通劳动者阶层主要包括广大的产业工人（蓝领工人），商业、服务业劳动者阶层，以及其他经济收入较低的人员。深圳是一个第三产业高度发达的城市，第三产业占城市经济规模和就业的半壁河山。深圳是中国流动人口最多的城市，深圳的普通劳动者大部分是外来务工人员，他们被称为"打工仔、打工妹"，是深圳建设的生力军，是深圳经济发展的基本力量。深圳的大发展离不开外来建设者，外来务工人员是深圳人口中非常大的群体，相当于欧洲丹麦、芬兰等国家人口的总和。

随着南山蛇口响起的第一声开山炮，中国第一个出口加工工业区落成，以"三来一补"企业为主体的外向型经济以迅猛的方式拉开了中国改革开放的序幕。据统计，1980 年，深圳当地农民工不足 1000 人，但生机勃勃的经济特区吸引了"百万民工下深圳"。他们中的绝大多数是蓝领工人，来自农村，没有更多的技术，为脱贫改变现状而来，主要是在劳动密集型的出口加工企业工作，所以被简称为"农民工"。

深圳的民工潮可分为 3 个阶段。第一阶段是 1980—1991 年，深圳企业总数从 800 多家增加到了 28000 多家，年均增长达到 34%，农民工数量从不足 1 万人增长到 140 万人。第二阶段是 20 世纪 90 年代，深圳开始产业结构调整，许多低端制造业外迁或关闭，但新兴制造业迅速发展，需要大量拥有一定技术的农民工，此时也是深圳农民工增长最快的 10 年，达到了 500 万人左右。第三阶段是 21 世纪，深圳向现代化迈进中，对就业岗位提出了更高的要求，老一代农民工逐渐退出深圳的产业大军，代之而起的是新一代农民工，他们大都是具有高中及以上学历，学习能力强，拥有一定技能和专业水平，具有现代意识观念，坚信通过自己努力能取得成功融入城市生活的青年。目前，新一代农民工总量保持在 400 万人左右，平均年龄 24 岁，70% 为未婚，女性占比 53.2%。他们一部分来自农村，也有少部分是在深圳长大的二代农民工。从行业分布看，他们主要集中在制造业、建筑业、批发零售业和住宿、餐饮业，其中制造业占 60% 以上。

40 年来，外来务工人员以年均 23% 的高增长速度，2011 年最高峰时达到 613 万人，占当时深圳就业人口的 80%，占当年全中国农民工总量的 4%。他们是深圳各种群体形成的基础人群。

2016 年，深圳市第二、三产业就业人员 926 万人，其中第二产业就业人员 418.4 万人，第三产业从业人员 507.8 万人。深圳的农民工来自全国各地，但主要来自广东省内、湖南、湖北、四川4省。

目前，深圳外来务工人员收入总体属于低收入阶层。据统计，深圳外来务工人员的个人年收入一般不超过10万元，家庭资产不超过200万元；有的甚至年收入不超过5万元。他们主要居住在城乡接合部、城中村或工厂提供的宿舍区。他们受教育水平有限，主要从事体力劳动，收入低，属无房无车一族，绝大部分没有深圳户籍，工作流动性强。

40年来，一代又一代来深的外来务工者为深圳的经济发展作出了巨大贡献，但他们当中绝大部分身份没有改变。由于户籍制度的局限，这个阶层人士很难享受到城市的基本公共服务，基本权益主要是基于劳动合同约定的经济权益。由于前途的不确定性和岗位的流动性，他们对城市建设的参与意识不强。但也有一部分人特别是第二代农民工，对深圳还是满怀期待，融入城市生活的愿望强烈，他们渴望享受政府提供的就业、教育、医疗、住房等公共服务，与城市人共享民主权利，成为城市的主人翁。他们中有一部分通过学习创业留下来发展，成为技术工人或自谋职业，甚至成为老板。

（二）转型中的阶层流动

在深圳的政治、经济和社会生活中，每个阶层有多种相互联系的群体，有的以协会、商会、俱乐部、工会等社会组织的形式联系；有的则基于共同关心事件而客观存在，如小区维权组织。他们作为深圳经济社会发展中出现的社会组织，在同一阶层中代表不同的利益集团，以维护集团利益为目标，在加强自律、参与公共事务方面，发挥着不可忽视的作用。在新精英阶层社会组织中，比较知名的有房地产协会（联盟）、金融协会、物流协会、旅游协会、科技协会、律师协会、商会（包括创业商会和地区性商会）、外国人联谊会等。在新中产阶级社会组织中，多以兴趣爱好为纽带组成各种团体或群体，如义工协会、自行车协会、登山协会、驴友协会、书画协会、健身协会等，以此为平台进行交流。而广大来深建设者群体社会组织，则多以工会、同乡会，以及亲友团等形式，以抱团取暖，争取权益为目的。

除原住民外，其他三个阶层活跃的社会流动是深圳阶层流动最显著的特点，一批又一批来深圳寻梦的人，经过努力，取得成功。从身无分文，变为成功人士的事例比比皆是。

1980 年，潮州小伙陈怀洁，因为家里"今天找不到明天的米"来到深圳。最初梦想只是未来让自己和家人能够吃饱肚子。他从帮助别人打井、卖豆芽开始，最后创办了有十几家连锁店的大华鞋业有限公司。

1988 年，当了 8 年搬运工的费国强来到深圳，在阳光酒店当了保安，并结识了在酒店门口摆电子表、吹风机地摊的女孩陆柳梅。两人从生意档发展到夫妻档，最后成为华强北商区知名的顺电连锁股份有限公司老板。

1993 年深圳大学的应届毕业生马化腾，在深圳润迅通讯发展有限公司主管互联网传呼系统的研究开发工作，从程序员做起，1998 年和志同道合的朋友张志东成立深圳市腾讯计算机系统有限公司。2009 年，腾讯入选《财富》"全球最受尊敬 50 家公司"。如今的马化腾和张志东都是居中国新财富 500 强前列的成功人士。

1982 年毕业于武汉钢铁学院的许家印，被分配到河南舞阳钢铁公司工作，从技术员做起，做到车间主任，并获得冶金部颁发的高级经济师职称。1992 年，许家印放弃了国有企业的"铁饭碗"，揣着简历到深圳找发展机会，屡屡碰壁。一家人住地下室，住朋友家的走廊。1996 年，历尽艰辛的许家印创建恒大集团。21 年后，许家印成为中国首富。

1983 年复员军人任正非转业到深圳南海石油后勤服务基地。1988 年任正非筹集资金 2 万元，注册华为技术有限公司。最初也是在旧厂房里工作，住在城中村中，一步步把华为做到了世界 500 强，成为世界知名的通信运营商及专业网络硬件设备、软件、服务供应商。2017 第一季度，在服务供应商路由器和电信级以太网交换机市场中，华为首次超越长期霸占核心路由器市场全球首位的思科，占据核心路由器市场的全球第一份额。

据统计，在深圳常住人口中有近 1000 万的来深圳建设者，他们中相当一部分人通过努力成为技术工人，或改行从事其他行业跻身新中产阶层，成为深圳的户籍居民。正是深圳这片热土，为广大来深建设者向上流动提供了广阔的空间和机会，从而成为中国人最向往的城市之一。

深圳林林总总形态各异的社区，聚集着不同阶层的人士，成为城市多元化的一个指标性因素。别墅区、豪宅区、高档住宅区、商住混合区、旧住宅区、城中村和城乡接合部；中心区、商业区、工厂区、边远地区……为不同阶层人士提供居住和工作条件。从居住和工作区域分布状况可以领略到深圳的阶层分化情况。各社区居住人群不同，社区配套不同，管理和服务质量不同，文化生活不同，生活质量也不尽相同，各社区居民对社会经济发展的关注点更是不同。这是深圳社区治理多样化的基础所在。

（三）新阶层带来的新挑战

深圳市是中国新社会阶层发育最早、最成熟的城市之一。包括民营企业家、个体工商户、自由创业者、归国留学人员、社会组织从业人员和受聘于外资企业的管理人员和技术骨干。他们在推动深圳市经济社会转型、推进社会建设方面起到了重大作用。在深圳市经济结构中，新社会阶层创造的民营经济对深圳 GDP 的贡献率达到了 70%，非公有制经济组织向市民提供了超过 500 万个就业岗位，占全市就业人口的 80%。毫无疑问，新阶层、新经济组织为深圳市经济发展社会发展作出了巨大贡献，给社会治理也带来了新的挑战。

1. 社会治理的新主体、新对象

从社会治理的角度看，基层政府与社会组织、各种经济组织、社区居民的地位是平等的。负责任的政府和有责任的社会组织、经济组织和社区居民应当享有平等的权利和负有同样的义务，共同承担社会治理责任，共同享有治理成果，共同或分别扮演着决策主体、执行主体、监督主体的责任。

然而，新阶层具有发展速度快、流动性强的特点。对于习惯于传统体制下熟人社会治理方式的基层政府而言，对治理对象需要有一个熟悉的过程。但有些单位、组织、邻居还没来得及熟悉，又换了新邻居。如何对一群陌生的治理对象实行有效的社会服务和社会治理，成为深圳基层政府社会治理面临的重大问题。例如，原来以"三来一补"企业为主的工业区为主体的社区，治理主体主要是基层政府、工业区管理机构、各企业、社会组织和物业管理公司，工地和来深建设者阶层等，但工业园区一旦被改造成高新科技工业园区或商业区，将涌入一群新阶层人士就业或居住，治理主体就会变为新精英阶层和新中产阶层，还包括医院、学校等机构和各种行业协会、商会，以及各种创客、新型经济和社会组织等，他们具有很强的社会自治能力。

从行业来划分看，20世纪80年代，基层治理主体主要是基层政府、"三来一补"企业。后来随着经济快速发展，新阶层出现，城市的居民构成无论是数量还是质量都发生了巨大变化。多样化、千变万化的治理主体和对象，让基层政府在为充满生机活力的深圳市而感到欣喜万分的同时，也要面对如何与新的社会阶层友好协商、共同治理、达到共赢的新课题。

2. 新社会阶层在社会治理中的作用

随着新阶层经济地位的提升，他们不可避免地萌发政治参与的冲动。他们往往通过各种途径、方式去反映诉求，影响政府决策，希望为企业营造更加良好的发展环境。在人大代表和政协委员中，新阶层人士占一定比例。他们利用人大代表、政协委员身份，以及组建各种社会组织，不断提升个人的影响力和企业的形象，主动对政府的决策提出意见和建议，为企业发展争取更有利的政策环境。

各级政府也乐于吸纳新阶层中的优秀分子参政议政，发挥他们发展经济、引领社会的作用。如何吸引新阶层优秀人士参政议政，在发挥他们积极作用的同时，有效地引导他们勇于承担社会责任，成为大众的表率，特别是如何保持对他们的政治领导力和影响力，是摆在各级政府面前的一道难题。从深圳市社会矛盾爆发的情况看，劳资纠纷始终占很高的比例，产业工人的收入与企业主的利润增长总是不成正比，工资集体协商工作推行数年始终难以全面铺开。企业主为了追求利润最大化，不顾环境污染排放废水废气的情形时有发生。从这个角度看，新阶层的兴起又给社会治理增加了复杂性与难度。

3. 公平正义与协调发展

新阶层的形成以及在相应的社区聚集居住，是新兴城市普遍的现象，是社会发展的表现。南山区华侨城片区，是深圳市的豪宅区、富人区，居住着 4.8 万的新兴阶层人士、城市新贵。然而一路之隔的白石洲片区，就是深圳市最大的城中村，在不足 2 平方公里的区域里，居住着 12 万流动人口，贫富差距给人的主观感受仅在咫尺之间。改革开放允许和鼓励一部分人先富起来，但是如何采取更有效的措施，消除贫富的心理隔阂，防止社会对立，促进共驻共建、共享改革开放的成果，正考验着中国各级政府的执政智慧与能力。富人、穷人都是深圳市的主人翁、社会治理的主体和对象，为他们搭建多层次、多渠道的共治平台，在相互尊重、相互包容中共建和谐社会，还有很长的路要走。

◇ 三 蓬勃发展的社会组织

深圳以及南山的社会组织形式主要有 3 种。即传统的各机关企事业单位、人民团体；以地域为基础的居住社区和以网络社交为主要手段形成的虚拟社区；基于共同利益、共同爱好和共同目标而有意识地组合起来的社会群体。

这 3 种形式长期并存，而且从传统到现代逐级发展，打破了前面分析的各种社会成分、社会群体固有的形态，并对其进行交叉组合，使不同社会成分和阶层、不同社会群体之间可以再组合，使人与人之间的交往过程更加多种多样、多姿多彩。

（一）深圳社区的特色

"社区"一词源于拉丁语，原意是共同的东西和亲密的伙伴关系。将这一概念引入中国的社会学家费孝通给社区下的定义为："社区是若干社会群体（家庭、氏族）或社会组织（机关、团体）聚集在某一地域里所形成的一个生活上相互关联的大集体。"[①] 2000 年 11 月中共中央办公厅、国务院办公厅转发的《民政部关于在全国推进城市社区建设的意见》将社区定义为"聚居在一定地域范围内的人们所组成的社会生活共同体"。

1. 基于地域基础的居住社区

在中国大部分地区的居民社区由传统的村落、城市居民区、机关单位宿舍演变而来。而深圳以及南山的社区却不一样。深圳是一个年轻的城市，经济特区建立时只有 30 万左右的人口，伴随着经济的快速发展，人口呈几何级数增长，在不到 40 年时间里，人口增长到 2000 多万。原有城市人口极少，城市化过程中城市重新规划，人口以新市民为主，鲜有基于传统居民区的社区。原住民的比例极小，基于传统村落村民社会的社区已经消失，即便是原住民所建的城中村，绝大部分居民也是以外来租房者为主。

深圳市在全国最早实行货币分房政策，政府和单位不给员工提供住房，到了 20 世纪 90 年代末，这一政策被进一步固化，并于 2002 年彻底被商品房制度所代替。原来的国有单位很少，基于单位宿舍的社区数量极少，且规模极小。

---

① 费孝通主编：《社会学概论（试用本）》，天津人民出版社 1984 年版，第 213 页。

　　由于以上原因，深圳的社区呈现出与中国大部分地区社区不同的特点。

　　一是居民社区以现代居民社区和城中村为主。深圳的居民社区主要以房地产开发商开发的新型居住区和原住民自主建设的各种规模和形式的住宅群，即"城中村"为主。从1980年开始，在30多年的时间里，虽然经过多次城中村改造，但各种住宅区并存的状态依然长期存在。根据深圳市住建局的数据显示，2016年深圳全市约有1782个城中村。在城中村中，除原住民自建房外，由原来人民公社时期遗留下来的由村民自治组织村委会统一建筑的房子数量很大，约35.69万栋，套数合计超过650万套，总建筑面积3.92亿平方米。

　　二是大部分社区居民为租房户。深圳的常住人口中，非户籍人口占到2/3以上。这种人口结构决定了深圳市租房户的比例大于其他一线城市。根据专业从事房屋交易、租赁的链家房地产经纪有限公司通过自身后台数据和问卷调查，从租金、租房类型以及通勤时间等多个维度对深圳房屋租赁市场的研究数据显示，2015年末，深圳常住居民家庭住房自有率为34%，而租房群体占总人口的80%。租住城中村的深圳人占比为52.9%，租商品房占比为32.4%。根据深圳链家研究院的长期监测，实际租住城中村的比例可能高达60%—70%。由于上班远、租房更省钱、自有房小、孩子上学等因素，不少已经有房的居民也再行选择在每周的工作日在租房居住，周末与节假日再回到自有住房居住。

　　三是不同的住宅区承载着不同的人群。例如，城中村社区居民以年轻的大学毕业生和外来务工人员为主。不同的社区类型承载着深圳不同阶层的人士，是深圳社会多样化的表现。不同的社区有不同的利益诉求，社区各种利益主体的组成方式和联系方式也各具特色。

2. 基于互联网的虚拟社区

随着现代科技的兴起，互联网得到了广泛的应用。通过腾讯 QQ、微信等深圳本土开发的网络社交平台，深圳人开启了一种新型的现代化社交方式——网络社交。

根据《2017 深圳市互联网发展状况研究报告》，截至 2017 年 12 月 31 日，深圳市网民和手机网民规模均突破千万，其中网民渗透率达 87.1%，比全国平均水平高出 32.1 个百分点；深圳市手机网民则占全体网民的 98.1%。因此深圳被冠以"中国最互联网的城市"。在社交类服务中，深圳年轻网民最爱玩微信、QQ 等即时通信类软件，达 89.2%。据腾讯发布的《2017 微信数据报告》显示，微信日活跃用户超过 9 亿，较 2016 年增长 17%。在 2016 年，微信月活跃用户已正式超越 QQ 的 8.685 亿，成为社交软件第一大平台。①

人们通过网络平台构建了新型的社会关系——网络社群。它超越了按地域、组织层级、社会阶层、行业、年龄、性别而形成的新型人文共同体，具有无限的开放性、包容性、可持续性和方便快捷性。互联网技术推动的社群的品类和规模将呈爆发性增长。网络社群使流动性加快的社会和渐行渐远的中国传统熟人社会以一种新的方式消除了陌生感，使工业化、城市化带来的陌生的人群又回到了"组织的怀抱"。如机器科技工作坊"柴火创客空间"吸引 1 万多人；互联网精英人才圈"南极圈"，聚集了腾讯离职员工为主的互联网精英数万人；又如 2001 年深圳的磨房网发起了第一届"深圳百公里徒步活动"，最初参加者仅有几十人，2003 年超过 3 万人，至今已连续举行 18 届。

---

① 《2017 深圳市互联网发展状况研究报告出炉》，深圳新闻网，2018 年 3 月 30 日。

这些参与者不但有深圳居民，还有中国其他城市居民，甚至外国友人。

（二）形形色色的社会组织

深圳经济特区建立之初，社会组织状况与中国内地大部分城市没有根本性的区别，建立社会组织必须有主管部门批准，而且社会组织多为官方建立，组织的负责人享受一定的行政职别，有的甚至就是公务员。

随着市场经济的发育成长和社会力量的增强，到 20 世纪 90 年代，特别是进入 21 世纪以来，深圳各类社会组织蓬勃发展，表现为"发展快、门类齐、覆盖广"。2000 年，深圳共有各类社会组织 968 家，到 2016 年就发展到了 10744 家，年均增长速度超过 20%。其中社会团体 5402 家，民办非企业单位 5130 家，基金会 212 家。每万人拥有社会组织数量达到 9 个，在中国大城市排名第一。社会工作组织从无到有，2017 年登记在册的社工组织达 161 家。现在深圳的社会团体已涵盖了工商服务业、科学研究、文化教育、公共卫生、生态环境以及社会管理和服务各个领域。

深圳的社会组织随着经济社会的不断发展而逐步走向成熟。深圳市政府对社会组织采取了积极的态度，成立了民间组织局，专门负责社会组织的规范、扶持和发展工作。2014 年市政府出台了《关于政府购买服务的实施意见》，明确了政府向社会组织购买的服务项目达 240 多项。社会组织主要包括以下 3 种类型。

1. 以利益共同体为依托形成的社会组织

20 世纪 90 年代，深圳的市场经济进入发展的快车道，各行各业特别是许多新兴产业呈现出前所未有的繁荣景象。各种经济组织特别是新型经济组织客观上形成了利益共同体，出于自身发展的要求，以行业工会、行业商会、行业协会和地方商会的形式组织成立，成为深圳社会组织发展早期阶段最为普遍的社会组织。他们作为社会组织分门别类地将各种经济主体联结在一起，并且在行业自律、经营管理和发展战略上从市场经济的角度代表本行业的利益，进行行业规范，对进一步活跃和促进市场经济发展起到了积极的影响。2016 年，深圳全市在民政局登记备案的各种经济类行业协会、商会、地方商会、基金会等共 900 家。各种经济组织的带头人及重要成员往往是龙头企业家，是行业的领袖，在经济发展和社会稳定中发挥着非常重要的作用。

随着社区的发展，人们以不同的方式积极参与社区公共事务。为此，针对作为社区人共同关心的问题，社会居民又以各种形式结成了利益共同体。例如小区污染问题、公共设施使用问题、小区的公共教育、医疗、交通等公共服务配套问题以及小区的权益问题等，人人都关心，都与社区居民休戚相关，于是根据他们对问题的关注度和兴趣度，往往会组成相应的社区组织，一般被称为社区型社会组织。社区型社会组织依托社区，在社区开展活动和进行服务，服务主体和对象也往往是本社区居民，主要服务内容是本社区居民所需要解决的问题，非常接地气。还有一种尚未定性的组织——业主委员会，是由物业管理区域内业主代表组成，代表业主利益，向社会各方反映业主诉求，协调解决相关问题，并监督物业管理公司工作的民间性组织，在南山区共有依法成立的业主委员会 365 个，他们由小区业主大会选举产生，在社区建设中所起的作用非常大，是社会建设的主要依靠力量之一。

2. 以兴趣爱好为纽带形成的社会组织

作为一个全球最大的移民城市和人员流动最快的城市，深圳的文化具有兼容并蓄的特质，来自五湖四海的人们在此安居乐业，按阶层、行业、同乡情感甚至兴趣爱好聚居，从而奏响了活力四射深圳的交响曲。

20世纪90年代后期，随着深圳社会组织登记制度改革的进一步发展，不同社区居民根据偏好组成了各种各样的社会组织，包括文艺、体育、健身、养生等类别，具有民间性、自发性特点，呈现了深圳生活的多样化。以南山区为例，在文艺界就有大小11个社区组织，成员达5000—6000人，包含文字写作、书画、琴艺、古典家私、印章鉴赏、收藏、花鸟等几乎涵盖了中国传统文化的所有领域。同时也有许多与国际接轨的社会组织，如南山区体育舞蹈协会、南山区长跑协会、南山区水上运动协会等。在健身方面，更是五花八门，不胜枚举。据不完全统计，南山区与健身有关的社会组织共有60多个，几乎涵盖了古今中外所有的健康健身项目。目前南山区各种体育健身场馆达943个，人均体育场所面积1.45平方米，工作时间以外特别是周末的运动场所场场爆满。深圳、南山处处可见健身的人群，充分体现了深圳作为中国乃至世界上最年轻城市的活力。

3. 公益类社会组织

深圳经济社会发展到一定阶段，特别是进入21世纪以后，一部分富裕起来的深圳人开始考虑如何回馈社会的问题。人们开始思考发展市场经济、追求企业利润最大化的最终目的。于是一部分热心公益者身体力行，带动志同道合者组成各类社会组织，其宗旨是向社会提供公益服务，通过自身的活动，促进公平正义和社会的进步，实现个人价值。这类社会组织不以营利为目的，为慈善公益类组织，主要形式是民办组织和基金会。

截至 2016 年 9 月，深圳市公益慈善类社会组织达 2363 家，近 3 万人在公益慈善组织工作。2017 年深圳市义工联合会总计服务时间超过 60 万小时、义工服务参与人员超过 2 万人，深圳义工总人数也超过了 150 万人。他们在扶贫、助残、济困、养老、助学和情感关怀等方面发挥着越来越重要的作用，公益慈善成为深圳的城市气质。2006—2016 年，深圳市募集社会捐赠资金超过 200 亿元人民币，筹集物资 1555 万余件，年均捐赠额逾 20 亿元，为中国的公益慈善事业增添了浓浓的风采。如 2007 年由著名影星李连杰创办的壹基金，作为中国第一家民间公募基金会，得到了王石、马云、马蔚华、马化腾等实业家的支持，专注于灾害救助、儿童关怀和公益人才培养三大领域，2011 年至 2017 年 12 月，已募集善款 2.1 亿元，基金受益人达到 103 万人。

深圳进入了迈向国际化大都市的快车道。各种社会群体在原有基础上得到了进一步扩张壮大，逐步规范，以行业工会、商会、协会、同乡会等形式更加紧密地组织起来。这些群体的产生和发展，印证了深圳经济社会发展的过程，是经济社会发展的必然产物。由此可见，深圳社会组织发展的过程，也是深圳社会从单一到多元的演变过程。社会组织从小到大，从低层次到高层次发展，是深圳社会成分、社会群体不断朝更高层面发展的体现。

第 三 章

社会转型期的社区治理

南山区是深圳市已发现的最早有人类活动，历史最悠久区域，也是改革开放最早的前沿地区。30 多年的快速工业化、城市化创造了一个全新城市。这里，有高耸入云的现代化建筑群，也有历经沧桑的古老村落；有富人云集的"高尚社区"，也有外来务工人员聚集的城中村；有各路经济文化精英，也有文化水平不高的打工仔、打工妹。传统的政府管理和基层治理模式面临不可胜数的新情况新问题新挑战。

◇ 一 从"出口特区"到创新之都

建立特区的初衷是出口创汇，为此邓小平当年提议建立"出口特区"，南山区就是中国最早的"出口特区"蛇口工业区的所在地。随着为出口而建的加工业、劳动密集型产业聚集的特区的不断发展，产业品质也在不断提升进步，南山区逐渐从劳动密集型的加工区演变为拥有大量高新产业与企业的现代产业基地。产业的升级转型也带来了社会结构的变迁，相应地南山区的社会治理也发生了历史性的发展和转变，成为当代中国社会治理示范性的地区。

（一）从"三洋厂房"到"南海意库"

"出口特区"蛇口工业区建立初期发展主要是靠引进外资，大量设立"三来一补"企业。早期的南山区最大的社会群体是"三来一补"企业的外来务工人员。如今的南山区是中国高科技企业最密集的区域，是金融中心和文化创意之区，最大的社会群体是中产阶层。从"三洋厂房"到"南海意库"的变迁是南山区经济社会变迁的缩影。

1982年底，在蛇口水湾头村临海的滩涂地上，建立起6幢多层厂房。1983年10月，日资企业三洋电机（蛇口）有限公司在这里建立了它在中国大陆的第一家独资公司。三洋集团在这里生产销售扬声器、印刷线路板、声表面滤波器、偏转线圈、微马达轴、电介子滤波器电子产品。深圳市人把这6幢厂房称为"三洋厂房"，当年仅1号楼就有7000名员工，大多数员工只有小学和初中文化。至1994年，像三洋公司这样的"三来一补"企业在南山区已达513家，成为南山区经济发展的重要支柱。

经过20年的发展，深圳市开始了大规模的城市功能与产业结构的双重升级。在深圳市"文化立市"的背景下，2005年10月，南山区的招商地产公司回购了三洋厂区，将"三洋厂房"改造为深圳市文化创意产业基地，命名为"南海意库"。整个"南海意库"园区拥有160家文化创意类企业与商家，主要包括工业设计、建筑景观设计、广告影视、文化艺术等行业，就业人数近5000人。2013年6月30日，南海意库梦工场大厦及商业MALL正式开工。2015年，招商局国际斥资20.47亿元收购南海意库梦工场大厦，进一步拓展了该区创意产业业务。

近几年，深圳市共有 58 个旧工业区被改造升级，23 个战略性新兴产业基地和集聚区正在布局建设。仅南山区就有 11 个由旧工业区变身的高新科技产业园。南山区原有的高新科技产业园北区也拟转型升级、提升功能，新的社区不断涌现。其中最有代表性的是蛇口工业区"蛇口网谷"的改造升级。

"蛇口网谷"片区占地 20 多万平方米。建于 20 世纪 80 年代，以纺织、电子、油漆、制铅等传统工业为主，企业技术含量低，工业附加值低，在寸土寸金的深圳市，如果继续任其发展，将是对土地资源的极大浪费。2009 年开始，南山区政府与蛇口工业区提出了"再造蛇口"战略，主导发展网络信息、科技服务和文化创意三大产业，打造"蛇口网谷"至今已有 400 家以上的互联网、电子商务、物联网等新兴企业入驻，实现年产值 250 亿元以上，园区每平方米产值从原来的 1200 元增长到了 3 万元，单位产值增长了 17 倍，成为南中国最具影响力和竞争力的创新产业发展基地之一。原有的从业人群也从蓝领转变为以白领、金领为主，社区配套完善，环境焕然一新，与原有的老工业园区有天壤之别。

（二）压力促进转型

在深圳市经济特区成立之前，现在南山区所在地域是城乡接合部，居民主要以耕种和捕鱼为生。深圳建市后，国务院和广东省于 1983 年 6 月批准设立南头管理区，1984 年 8 月批准设立蛇口管理区。1990 年 1 月，国务院批准设立南山区，管辖原南头与蛇口两个行政区域。

成立之初的南山区定位于深圳市的产业配套区、轻污染工业区和能源基地。当年这里来料加工企业云集，污染企业较多，共有 7 个化学危险品集散地、4 个发电厂、48 个污染企业，油气站占深圳全市60%。在社会成分构成方面，蓝领工人占绝对比重，且文化素质不高。根据 1990 年的人口普查，南山区每 10 万人中，大学文化程度的仅有 8151 人；高中文化程度的 25684 人；初中文化程度的 42685 人，是占比最高的人群；小学文化程度的 14987 人。1990 年南山区工业总产值只有 6.7 亿元。而同属深圳市经济特区内的其他区域发展很快。例如，注册地在福田区的赛格集团，1989 年这家企业集团的工业总产值达 29 亿元人民币，是 1990 年南山区工业总产值的 4 倍。

最终促使南山区痛下决心实现产业转型的契机是 1991 年香港举办的深圳市工业品展览会。当年南山区参会的展品竟然只有 6 个，而且全部被摆在展会的角落里。在从香港返回深圳的火车上，率团参展的南山区领导和参展代表们沉默无语，南山工业在展会上的惨状像一块巨石压在他们心头。

从香港回来后，南山区痛定思痛，立即开展了一场关于未来产业发展方向的全区大讨论。经过广泛深入的讨论，南山区决心推进产业升级转型，发展高科技产业，建设汇集全国技术、资金、人才的高科技工业城。1991 年 7 月，南山区人民代表大会通过了建立民间科技工业村的提案。南山的转型升级产业的决策得到了中央政府的支持，国家科委、国家体改委和深圳市给予了多方面的政策支持和扶助。

1992 年国家科委批准成立深圳京山民间科技开发（集团）股份有限公司，建立了深圳京山民间科技工业村，这是一个以"民间"科技为特色的国家级高新技术产业基地，是国家级深圳高新技术产业开发区的一部分，享受到了国务院颁布的国家级高新技术产业开发区的一切优惠政策。

此后的 10 年，是深圳市高新科技产业蓬勃发展的时期。随着深圳市经济快速发展，城市空间需要拓展，从东至西逐步从罗湖、福田移至南山区。进入 21 世纪，南山区的工业化进一步推进和升级。2000 年，南山区工业总产值达到 921 亿元人民币（1990 年不变价格），是 10 年前的 137 倍。2001 年深圳市高新科技园落户南山区后，各种资金、人才进一步在南山区汇集。南山区委区政府审时度势，2001 年提出了建设四个基地的战略构想：即高新技术产业基地、现代物流基地、旅游文化基地和教育科研基地。转型升级带动了南山区经济的快速发展。

产业转型升级的同时，南山区的社会成分构成也发生了翻天覆地的变化。至 2000 年，全区大学本科以上学历就业人员达 66288 人。技术工人达 544098 人，工程师达 177996 人，分别比 1990 年增加了 4.48 倍和 7.51 倍。蓝领工人和一般性服务人员总量增加，但占比减少。

2005 年南山区建区 15 周年，工业总产值达到 2188 亿元人民币，高新技术产品产值 1380 亿元人民币，其中具有自主知识产权产品产值 780 亿元人民币，占 60%。至此，南山区完成了一次历史性的跨越：经济结构由传统产业为主体实现了向以高新技术产业为主体的跨越。2010 年，南山区被定位为深圳市的中心城区之一，随着前海深港现代服务业合作区和广东省自由贸易试验区前海蛇口片区的设立，社会成分结构又得到了进一步优化。2011 年，南山区将发展定位调整为"三区一高地"，即核心技术自主创新先行区、现代服务业发展样板区、和谐社会示范区和教育科研高地。

2010 年第六次人口普查数据显示：南山区常住人口中，具有大学文化程度的人口为 42.94 万人；具有高中文化程度的人口为 27.92

万人；具有初中文化程度的人口为 22.7 万人。同 10 年前的 2000 年第五次全国人口普查的相关数据相比，南山区每 10 万人中具有大学文化程度的人数由 16140 人进一步上升为 39468 人；具有高中文化程度的人数由 28623 人下降为 25664 人；具有初中文化程度的人数由 38937 人下降为 20868 人。10 年中，具有大学文化程度的人数增加了 31.29 万人，平均每年增加 3.1 万人；每 10 万人中具有大学文化程度的人数增加了 23331 人，增长了 144.6%。这些数据说明，南山区实施吸引人才的战略取得了较大成效。

南山区已经从以产业工人为主的人口结构，逐步转变为以白领阶层为主的人口结构。在各种社会成分中，中产阶层成为市民的主体之一，包括公务员、中小企业主和个体户、企业的管理人员、工程师、技术人员以及绝大部分的知识工作者。这个阶层的个体年收入一般在 20 万元以上，家庭总资产在 200 万—500 万元。南山区在科技创新驱动政策的推动下，旧城改造不断推进，日益成为深圳市国际化的宜居宜业中心城区，进一步产生了对中产阶层的吸引力，南山区纺锤型的社会结构已成形。

◇ 二 传统与现代交汇的社区

在改革开放、全面推进市场经济进程中，深圳市在很短的时间内发育出了一个全新的社会形态，特别是随着高科技产业飞速发展，中国传统意义上的社会形态已经不复存在，大量的新兴社会集团、社会群体和社会阶层，随着市场经济和社会流动的快速发展快速产生，他们既是中国改革开放大潮中的经济社会发展的动力，也是现代南山的社会治理的主体和对象。新的时代、新的条件下，社会治理不断面临新问题，治理模式和治理手段也相应地不断发展、不断创新。

（一）脱胎于城中村的现代社区

短短 30 多年里，南山区业态的发展促进了城区定位的不断升级，城区新定位反过来引导新业态的发展，新业态的快速发展又不断刷新了社区的形态，旧社区被新社区代替，新社区又被更为现代化的社区所取代。

如果说过去的南山区是工业化推着城市化走，今天的南山区则是城市化引领着向现代化前行。在南山区，"三来一补"工业区演变为高新科技园，城中村被改造为高档住宅小区，沿海涂滩建起了总部基地，货运码头变成国际邮轮码头……并且一直处于变化中。现在南山区共有 101 个社区，其中有 31 个属于转型升级社区，占比 30.69%。社区形态转型发生过两次及以上的社区就有 18 个。传统形态的单纯居民社区、单位型社区、城中村社区、商住混合型社区、工业园社区等，不断被改造升级，基础设施好、物业管理完善、人员素质高、居民现代意识强的新型社区层出不穷。

旧城改造是深圳以及南山区城市形态发展的重要途径。南山区的城市升级重要途径就是向老城区和"城中村"要发展空间，这也是南山区政府一直关注的问题。2005 年，南山区有相对成片的旧村共 46 个，居住人口约 53 万人，占当时南山区总人口近一半。各类建筑 16230 栋，总建筑面积 1145.8 万平方米，占地 7.1 平方公里。2005 年，南山区提出了《南山区城中村改造专项规划（纲要）》，其中规划将当时南山区范围内的 46 个旧村，分成南头（南山）片区、蛇口片区、南油片区、科技园片区、华侨城片区和大沙河（南山北部）片区6大片区。每个片区各有侧重：南头片区规划建设成历史文化旅游区，蛇口片区创建有滨海特色的景观风貌区，大沙河片区进行综合开发，华侨城片区开展农民住宅公寓化的改革。

南山区的旧村改造模式总体上分为3大类：第一大类是整体拆建，大冲、大新、新铺街、赤湾、白石洲村、田厦新村、桂庙旧村、大铲旧村、大铲新村和水湾村10个旧村整体拆建；第二大类是局部拆建和综合整治，北头、渔二村、南园、南山、向南旧村、南光、湾厦、后海、新围、珠光10个旧村，采取局部改造加综合环境整治的模式，对原旧村的局部区域推倒重建，其他区域实施综合环境整治；第三大类是"穿衣戴帽"和综合整治，向南等23个旧村以及西丽一级水源保护区3个旧村，采取这种综合整治的模式，整理原旧村的局部空间，改善建筑外观、市政配套和公共设施，提升整体环境品质。

南山区城中村改造中最有影响、涉及人口最多、面积最大、时间跨度最长、耗资最巨的要数华润集团在南山区大冲社区（大冲村）的旧改项目，以及南方科技大学在南山区长源社区（长源村）的征地拆迁项目。

大冲村原是南山区最大的行政村，与市高新技术园区和华侨城为邻，下辖6个自然村，是有名的"城中村"。村中道路形同羊肠小道，"贴面楼""握手楼"林立，有各类建筑物1337栋，以村民私宅为主，还有部分老旧厂房，建筑面积约90万平方米。居住人群以原村民、蓝领工人为主，还有部分科技人员，居住人口约5万人。

随着南山区高新科技产业日新月异的发展，建立一个与之相配套的生活区，推进中心城区的改造升级是城市发展的客观需要。大冲村的改造从1998年开始提上日程，但实施起来困难重重，直到10年后的 2008 年才开始启动，由华润集团投入资金 200 多亿元，历时 13 年才最终完成了大冲村的城市社区化改造。改造后的"新大冲"建筑面积达 280 万平方米，社区由原来的治安、环境条件差的城中村居住区变身为集商务、金融商业、办公、旅游、博览、文化多项功能为一体的超大型综合性高档商务区，高楼林立，设施现代，一派现代都市社区欣欣向荣的景象。

南山另一个有代表性的旧城改造项目是长源村的改造。长源村位于南山区北部，地处南山、福田、龙华三区交界处，面积 15 万平方米，过去属于地理位置偏僻地区，在抗战时期曾经是中国共产党领导的东江纵队的重要根据地。这里曾是整个深圳及南山比较落后的区域，农村经济社会特征明显。改革开放后工业发展依然十分迟缓，居民以低端产业和服务业为主。按照规划，要对整个长源村推倒重建，整体搬迁。但由于该片区中 50% 的建筑建在属于被非法占用的国有土地上，改造项目一直难以推进。

为解决此类问题，深圳市政府专门出台了《深圳市城市更新清退用地处置规定》，按照"共同更新、适度补助、利益共享"的原则，开发单位负责对拆迁户的补偿，政府在项目的贡献用地和开发单位获得的建筑比例上给予一定比例的补助。从而摸索出通过市场化方式解决历史遗留问题的新路径。改造后的长源城中村，成为南方科技大学和深圳大学西丽校区。清退出的 4.1 公顷国有土地，建成南山区最大规模的保障性住房 4300 套，同时建成了学校、公交站、垃圾转运站、社康中心、老年日间照料中心等公共设施。改造后的长源社区，附近有西丽大学城、塘朗山公园，有地铁 5 号线、南坪快速路经过，成为大学城、科技园区、居民社区"三区融合"。回迁居民和保障房社区成为环境优美、交通便利、教育、医疗等公共设施齐备的宜居社区。

（二）"沧海桑田"的新社区

"沧海桑田"是中国家喻户晓的一个成语。南山人总爱对来此观光游客开玩笑说："你得常来、快来，否则你对南山的印象就过时了。"他们也爱对来南山考察和研究的学者说："如果你的课题速度慢，那你的研究成果就会被抛弃。"因为南山区的建设发展速度实在太快，"一年一个样，三年大变样"不是一个文学描述，而是南山区发展状况实实在在的写照。

整个深圳建市以来共填海 69 平方公里，营造出 26 个社区，其中最有代表性的是在南山区。20 年前的一片涂滩变成了今天的位于南山区的"后海总部经济区"，这里是南山区的 CBD 区域，核心区域占地 2.26 平方公里，建筑总面积 603 万平方米。目前已聚集了华润、中海油、中建、中铁、中国航天科技、恒大集团、中国电子、天虹、百丽、腾讯、百度、阿里巴巴等全国乃至世界知名的 20 多家企业总部，是集商务、商业、博览、文化等多项功能为一体的综合性高档商务区。目前，南山区的总部企业有 43 家，在深圳全市占比超过 30%。

与后海总部经济区毗邻的深圳湾超级总部基地是南山最具商业价值和发展前景的区域。20 世纪 90 年代初，由填海修建的滨海大道围海而建，面积 1.174 平方公里，定位为"未来全球高端产业集聚地"，是"环深圳湾地区自然景观条件最为得天独厚、城市门户形象最为突出、未来城市开发最有效和综合价值最高的区域"。目前已有中信证券、地铁红树湾等项目落户。

目前，正在南山区建设的广东省自由贸易试验区前海片区和深港现代服务业合作区，占地 15 平方公里，全部是填海而成。将来，这里将建成前海蛇口自贸城、前海国际金融城、香港现代产业城以及蛇口国际枢纽港，就业人口将达 65 万人，其中 10 万人为香港籍人士，20 年基本建成。在这里有一个有趣的现象，楼房尚未建好，道路尚未通车，在这片工地般的区域里已经有 14 万多家企业注册，2017 年纳税竟达 200 多亿元人民币。

（三）国际化社区

2011 年 4 月，深圳市政府颁布了《深圳市推进国际化城市建设行动纲要》，宣布建设宜居宜业的国际化海滨城区。2012 年，南山区招商街道根据沿山社区特点，进一步提出建设国际化社区的设想。

截至 2016 年，深圳全市有涉外单位（机构）共 11319 家。[①] 截至 2017 年，275 家世界 500 强企业在深圳设立分公司。临住外国人为 115.2 万人次；常住外国人 26579 人。常住外国人来自全球 127 个国家（地区），从国籍分布看，人数位居前五名的是日本、韩国、美国、印度和加拿大。2017 年，深圳全市常住外国人达到 49232 人，南山区为 22245 人，占全市的 45%。

在深圳，外国人对南山区蛇口片区认同程度较高，这里已成为外国人集中居住、社交及休闲娱乐的主要场所。截至 2017 年，蛇口、招商派出所辖区旅业登记临时住宿外国人高达 9.7 万人次，是全市辖区常住外国人最多的区域。其中沿山社区内居住着 54 个国家和地区的 2700 名左右的外籍人士，占社区总人口的 15.65%，占流动人口的 62.5%。在这里，专门建立了"外国人社区服务站"，成为服务外国

---

① 《国际化的深圳有多少外国人?》，《深圳商报》2016 年 4 月 12 日。

人的一个新平台，发挥着越来越重要的作用。

现代化、国际化的有别于传统社区的新型社区正在南山区快速成长，并将伴随着经济社会的快速发展而壮大。产业的升级，社区的成长，倒逼着南山区政府必须改进社会治理方式和方法。

◇ 三 多元社会的基层治理

经过 30 多年的改革开放，经济体制深刻变革，社会结构深刻变动，利益格局深刻调整，思想观念深刻变化。随着经济发展水平和人民生活水平的不断提高，人们的社会预期也进一步提高，分享改革开放成果的期望值也提高到新的层次。现代城市中居民不仅注重物质利益，关注经济权益，也越来越关注社会的公共事务，希望得到社会事务的知情权、参与权和决策权。党的十九大报告指出："中国特色社会主义进入新时代，我国社会主要矛盾已经转化为人民日益增长的美好生活需要和不平衡不充分的发展之间的矛盾。"社会矛盾的转化为社会治理带来了新的挑战，加强社区治理体系建设，建立共建共治共享的社会治理格局成为新的目标。

（一）社会观念的深刻变动

市场经济对社会治理的影响如同一把"双刃剑"，一方面，它深刻地改变了人们的价值观念、效益观念、竞争观念、创新观念、利益观念等对客观世界及行为结果的评价和看法，规范化、法治化、民主化、效率化、协调性，有助于推进社会治理的现代化；另一方面，它改变了人们的生活方式和人际关系，人民的权利意识空前提高，加大了社会治理的难度。

1. "深圳十大观念"凸显新价值观

2010 年，一个网名为"饮涤凡尘"的网友在深圳新闻网上发了一个帖子《来深 18 年，回忆那些令人热血沸腾的口号》，在深圳乃至全国引起了巨大反响。在深圳经济特区成立 30 周年之际，深圳发起了"深圳最有影响力十大观念"评选，在公众网络投票评选基础上，由专家、学者和资深媒体人组成评委会对 30 个候选观念进行讨论票决。

按网络评选和专家评委会评选权重各占 50% 比例评选出了最具代表性和影响力的十大观念。最终"时间就是金钱，效率就是生命""空谈误国，实干兴邦""敢为天下先""改革创新是深圳的根，深圳的魂""让城市因热爱读书而受人尊重""鼓励创新，宽容失败""实现市民文化权利""送人玫瑰，手有余香""深圳，与世界没有距离""来了，就是深圳人"十大最能体现深圳精神和深圳人价值观的新观念入选。其中最能代表深圳经济特区早期精神的观念——"时间就是金钱，效率就是生命"成为深圳最有影响力十大观念之首，"空谈误国，实干兴邦"以最能反映"发展才是硬道理"这一时代主题而紧随其后。"来了，就是深圳人"，以最能体现深圳人成长经历、情感归属，以及热情开放、包容互勉和共筑美好家园的城市特质而入选。

从"时间就是金钱，效率就是生命"开始，人们敢于正视财富、速度、效率等在过去讳莫如深的话题。在这种观念的影响下，深圳产生了 3 天一层楼的"深圳速度"。"敢为天下先"的观念鲜明地体现了深圳人的性格特征，道出了深圳人创业成功的秘诀，在此前的中国，人们信奉的是"枪打出头鸟""出头的椽子先烂""木秀于林，风必摧之"等观念。据统计，在 30 年间，深圳人创造了 1000 多个"中国第一"：第一次拍卖土地，第一次拍卖文稿，第一只股票上市……都以"敢为天下先"精神去创造。

新的价值观和新的人生态度、生活方式，使深圳成就了如腾讯的马化腾等大学生创业成功者，成就了恒大集团的许家印等从体制内下海打工为起点的创业成功者，还使无数从乡村走出来的农民工成为企业家。

市场经济改变了人们的价值观，唤醒人们独立思考，以自己的眼光看待世界，增强了人们的平等意识、权利意识和社会参与意识，推动了中国社会治理的现代化；另一方面也存在淡化优秀传统文化，少数人陷入拜金主义、享乐主义和极端个人主义的价值误区的现象，加大了社会治理的难度。

2. 现代治理理念

如果说深圳市经济社会发展的成就为进一步发展打下雄厚物质基础，那么深圳人社会价值观念的深刻变化才是发展可持续性的根本保障。源源不断的人才从四方八方汇集深圳、汇集南山，一代又一代有新思想的年轻人作为寻梦者来到深圳、来到南山，确保了深圳和南山经济社会充满生机和活力，他们是现代化的建设者，他们希望深圳与南山的社会治理也是现代化的。

（1）社会治理的法治化

"不拼爹，咱们比本领"是深圳人、南山人的现代价值观表现之一。为此，新一代深圳人、南山人希望打破传统的框框，建立起符合市场经济发展的法律体系，让一切有法可依，一切有据可查，一切可以预计。现代科技的发达，让他们对法治环境建设的设想超乎传统的思维，他们认为一个有完善法治的社会，应该更加平等、更加公正，只要人们的行为符合法律规范，那自然就是一个值得尊重的个体，成功与否各自承担。于是自从20世纪80年代开始，第一代创业者就以敢为天下先的勇气，冲破旧框框，率先在土地有偿使用、突破资本市场"禁区"，打破计划模式"大锅饭"等方面创造出1000多项"中国第一"。直至目前，创客成为深圳市创业者的新名称，无不体现了深圳市人社会价值观念的深刻变化对依法治市的迫切要求。体现深圳人对法治的重视和推动，既是贯彻中央大政方针的实际行动，也是自身发展进步的现实需要。

（2）社会治理的市场化

"政府不能唱独角戏，我们平等比一比"，是现代深圳人、南山人价值观的另一种重要的表现形式。尽管深圳在社会治理多元化方面有了许多进步，但直至目前，深圳以及南山区的政府在各个领域依然强势，许多社会主体与治理主体对政府仍然存在一定的依赖心态。这一局面正在遇到挑战。

深圳以及南山是中国社会组织最为发达、社会工作及社工发展最早最快的地区。截至2017年底，深圳全市社会组织已超万家，并以每年20%左右的速度在增长。南山区101个社区均建立了社区党群服务中心，全部购买社会工作机构提供的社区服务，南山区的社工机构的从业人员相对于原来政府计划体制下的工作人员，具有专业化程度更高、学习能力更强、人员更年轻、思想更活跃、视野更广阔的特点，在社区服务中其工作效率和质量比原来的社区工作人员更高，更受广大社会成员、社区居民的欢迎。

南山区以政府购买服务，社区治理服务专业化的模式，有着深刻的社会意义和时代意义。首先，从理论及制度设计层面，它改变了由政府主导的传统模式；其次，改变了社会治理的主体，由原来的政府及派出机构承担社区治理变为由社会组织为主承担社区治理任务；最后，引进社会治理的竞争机制，传统的治理模式是单一主体，自然也不存在内部的竞争机制问题，而南山区新型的治理主体和治理模式是以竞争为基础的，居民自治体自主选择社区管理和服务机构。南山区新型的社区治理模式本质上是社区管理服务改革的市场化取向，是政府主导和市场机制的双重作用的一种体现。

（3）社会治理的国际化

"不要只跟自己比，还要跟世界比"，这是南山人现代价值观的更高层次的表现。从深圳市和南山区的发展进程看，他们经历了一个从广东的深圳，到中国的深圳，再到世界的深圳的发展过程；南山经历了一个边陲小镇到深圳的南山，到中国的南山，再到世界的南山的发展进程。

南山的城市定位是建设成为世界级创新型滨海中心城区。从改革开放之初，从蛇口工业区建设开始，南山的定位就是发展外向型经济的城区。经过 30 多年的发展，来自世界各国的人士汇集南山，为南山向国际化迈进打下了坚实的基础。到 2017 年，南山区居住着来自 149 个国家 22245 多名外籍人士，还有港澳台同胞 14000 多人，"海归"学子超过 4.5 万人，每年外国专家来南山区工作交流达 10 万人次。

正在建设中的广东省自由贸易试验区前海蛇口片区和前海深港现代服务业合作区，预计将在短时期内吸引 10 万香港人士来此工作和生活。在南山区沿山和南海玫瑰园社区，目前已经形成了外国人的集中聚居地。这些人才，给南山区发展带来了创新动力的同时，也带来了新思维、新工作方法和新的生活方式，对南山的社区治理提出了国际化的要求，即在中国法治基础上和文化环境中如何实现与国际接轨？基本公共服务设施上如何体现国际化水平？在文化交流上如何体现包容并进的胸怀，等等。这是今后一个时期，南山基层社会治理将着重探索和解决的重要问题，也预示着南山社会治理新的发展方向。

（二）多元的利益诉求

改革开放以后，新的社会结构、新社会阶层和新的社会组织的出现，使利益主体多元化，不同阶层、不同群体在经济利益、政治利益和文化利益方面的诉求有不同的侧重点。基层治理必须充分兼顾各方利益，把矛盾和分歧控制在一定范围内和一定程度上，鼓励和支持社会各方面参与，实现政府治理和社会自我调节、居民自治良性互动。

1. 新业态需要优化治理与服务环境

南山区作为国家"核心技术自主创新先锋城区"，创新环境十分重要。2017 年度国家科学技术奖励，深圳 15 个项目获本年度国家科技奖。其中就有 10 个项目由南山区的高校和企业主持或参与获得。这 10 个获奖项目中，技术发明奖占 5 个，科技进步奖占 5 个。随着科技产业的全球化，新技术的应用进一步催生了新业态，实施以科技创新为核心的全面创新是时代要求，对社会治理也提出了更高的要求。

（1）政策环境

新业态的快速发展让落户南山的产业与企业遇到了许多新情况新问题，如果不及时加以引导和规范，必将严重影响业态的正常发展，甚至影响社会和谐稳定。在这方面，最为典型的实例是"滴滴打车"事件。几年前，南山辖区企业腾讯集团开发的"滴滴出行"

软件开始应用。随着"滴滴出行""优步"等新的城市交通出租车呼叫系统的兴起，使传统的出租车行业受到严重影响。后者作为新业态，符合"万众创业、大众创新"的国家战略，但传统出租车行业业务量大幅下滑，出租车司机利益大幅受损。一度出现了出租车集体停驶现象，随后出租车行业又出现了请不到司机的尴尬局面。但"滴滴出行"的经营合法性在当时尚未有法律的保证。类似的事件提出了社会治理新课题。为此，如何健全法制，为新业态蓬勃发展提供法律保障，促进行业良性发展，保持社会和谐稳定是当务之急。经过深圳、南山区政府和社会各界的共同探讨和协调，初步调整了传统出租车和新型业态出租车的利益协调，缓和了同一行业中两种业态之间的矛盾。

（2）政务环境

新业态发展需要良好的政务环境。一个廉洁高效的政府，一支高素质的服务团队，是一个地方社会经济发展的基础。尽管深圳市以及南山区一直以来坚持不懈地推进行政审批制度改革，是中国行政审批事项最少、审批时限最短的城市之一，但同发达国家和地区比较，深圳与南山的工作还有很大改进空间。未来南山还需要进一步简化办事程序，压缩审批时限，以国际化思维和改革创新的精神，为新兴业态健康发展提供优良的服务。

（3）配套服务

新业态发展需要提供配套的服务。这包括为新业态发展拓展产业发展空间，解决他们的产业用地和用房难的问题；产业发展初期孵化扶持配套措施落地问题，企业人才公寓供应、从业人员子女读书等问题。南山区作为创新驱动主要城区之一，发育成长了许多著名企业，新业态一代接一代，汹涌澎湃，必须未雨绸缪，为新业态形成发展做足准备，才能确保经济社会不断发展。为高科技人才解决后顾之忧，南山区一直在努力建设用于安置引进人才的"人才公寓"。这在房价高企的深圳市是极其重要的公共服务举措。2017 年，南山区筹集人才保障房 11633 套；连续 5 年累计发放人才安居住房补助 10 亿元，其中 2017 年发放 3.5 亿元，惠及企业 465 家，人员 26000 人。

2. 权利保护意识高涨

由于社会阶层的分化，利益主体的多元化，不同的利益主体和社会阶层具有不同的利益诉求，也有不同的利益表达方式，给南山的社会治理提出了许多新的挑战。

南山区地处改革开放前沿，经济转轨快，社会转型早，流动人口多，社会分化突出，社会结构复杂，社会要素活跃，利益诉求多元，各种社会矛盾暴露得较早、较多、较充分。南山遇到的新社会问题和矛盾主要有：社会自发的维护权益的抗议活动由个体行动转向集体有组织行动；由维护单纯的经济权益转向维护政治权益；由公民对行政事务的知情权转向对政府决策的民主参与权，等等。

（1）劳动者维权

从"百万民工下深圳"到现阶段流动率达 50% 的上千万的产业大军，深圳市的产业工人维权意识从低到高，从个体到集体，这是一个公民权利意识不断觉醒和发展的过程。2008 年，中国实施《劳动合同法》之前，深圳市的劳动合同一般由资方单方面起草决定，来自全国各地，主要是农村的劳动力，带着脱贫致富梦来到深圳市。他们当中的许多人由于自身文化水平不高，且与在家乡境遇对比，对于进入城市是满意的，这个阶段深圳市以及南山的劳资矛盾不突出，只要能入工厂打工挣钱养家就知足了。这个阶段，大部分农民工是按深圳市最低标准购买社会保障，有相当一部分企业甚至没有与工人签订劳动合同，工人权益很难得到保护。

2008 年《劳动合同法》颁布后，深圳市从保障工人权益、维护社会安定、促进深圳市可持续发展的角度出发，强力推进《劳动合同法》实施，广大工人也充分意识到维护权益的重要性，于是积极参与工会组织，发出群体声音。到 2010 年，劳资纠纷随着《劳动合同法》的落地急剧增长。劳资矛盾在 2015 年达到一个高峰，这一年深圳全市发生了 31845 宗劳资纠纷，涉及金额超过 6 亿元。南山区的劳资纠纷也居高不下。这一时期，深圳市有组织罢工、堵厂门、上路游行和到政府机关请愿等群体性事件此起彼伏。

劳资矛盾在中国的制度体制环境下，具有维权群体将利益诉求由指向企业、资方转向政府的倾向，向政府请愿，要求政府主持公道，维护公平正义。2010 年以后，劳资纠纷的调处已有法可依，劳资双方关系随着权益意识的逐步增强，工会组织的覆盖面进一步扩大，过火的冲突行为已日益减少，理性维权的行为逐步增加，即通过工资集体协商从制度层面解决劳资纠纷，维护劳资双方的权益。

2017 年，南山区共有 22238 家基层工会组织，覆盖 23682 家企业 638565 名会员。作为市场经济、劳资关系和劳资矛盾的产物，在劳动关系中，企业始终处于主导方，决定着劳动关系各个主要方面。但作为市场经济发育比较成熟的深圳市及南山区，企业工会正从传统的福利型、活动型工会向维权型、服务型工会转变，并逐步走向规范化。2010 年，南山区仅有 7647 家基层工会组织 32 万会员，到 2017 年南山区的基层工会和工会会员已经比 7 年前分别增长了 2.9 倍和 1.99 倍。2017 年，南山区的基层工会代表企业员工维权 788 次，返还欠薪 5521 人次 6237 万元。南山区在维护劳动权益方面最突出的举措是实施落实企业工资集体协商制度，即由企业工会代表工人与企业主进行协商，根据社会经济发展状况、企业利润增长比例及物价增长幅度，向企业主提出工资年增长幅度。2017 年共有 1249 家工会组织开展了集体协商工作，惠及职工近 12 万人。

深圳居民来自五湖四海，广东、湖南、广西、湖北、四川、江西及河南 7 个省区来深圳经商务工的流入人口最多，除河南以外，其他 6 个省区的流入人口规模均超过 100 万。在深圳市，很多住宅区，特别是城中村聚居了来自同一地区、从事同一行业的外来人口，形成了"同业同乡村"，这是深圳市外来人口中特有的状况。他们聚居在一起，由于同业有共同的利益诉求，又是同乡，具有共同的文化背景，因而在深圳市他们成为一种特有的人群，在整个经济社会发展中起到了不小的作用，若发挥得好能促进经济的发展和社会的和谐，反之就可能成为不安定因素。深圳市有千人以上的"同业同乡村"35 个，南山区有 3 个。

近几十年来，在南山区月亮湾花园，聚居了 5000 多名服务于全球第四大集装箱大港——深圳港西部港区的湖南平江县籍拖车司机及其家属，是南山区有名的"同业同乡村"。围绕拖车行业的经营发展、福利以及子女就学等问题，月亮湾花园的居民步调一致，由个体自发行动转向有组织的集体行动，向政府施压，深圳多次发生司机有组织停运罢运事件，严重影响了港区的正常运作，是深圳市"同业同乡村"维权的典型事件。南山政府高度重视"同业同乡村"的特殊群体，高度重视他们的利益诉求，采取大量有效措施，确保事件平息的同时，建立维护劳动者权益的体制机制，如建立了拖车协会，聘请"同业同乡村"原住地领导来深协助工作等，让同乡人管理同乡人，让流动人口的利益诉求能有合法的渠道和合理的方式表达，使矛盾得到有序的解决。

（2）业主维权

围绕物权展开的各种维权活动逐步活跃。截至2017年底，南山区共有890个住宅小区，共成立业主委员会365个。业主委员会由业主大会选举产生，代表业主利益，向社会各方反映业主意愿和要求，维护全体业主在物业方面的合法权益，是业主有序参与和自我管理服务的重要平台。而物业管理公司，则是由业主聘请，负责物业管理和服务业主的经济组织，主要提供专业化服务，满足社区居民的生活服务需要，并适当参与隐患排查、人口计生、社区养老、社区卫生、城管外包等有偿社区服务事项。近年来，随着居民素质进一步提高，业主权益意识也不断提高，对物业管理公司要求也不断提高，出现了许多维权事件。如对住宅小区边界的界定、小区车库的权属、房屋公共空间的利用、管理费用的收取标准，以及业主委员会的换届选举等。据统计，2017年，共接收投诉1500多件，涉及物业纠纷问题达400多宗。

（3）环境维权

南山区在深圳市建市初期，城市定位就是轻污染工业区和能源基地，尽管经过30多年的发展，城区面貌发生了翻天覆地的变化，但至今全市60%以上危险品集散地还在南山区，致使环境维权事件层出不穷。最早的环境维权事件起源于月亮湾片区，该区面积3.2平方公里，污染企业最多时达到14家。这些企业一般于20世纪80年代就在此落户，当时该片区是沿海滩涂，居民稀少。后随着城市扩容，在这些污染企业周围发展了许多住宅小区、商业街区，还有著名的旅游景点——青青世界。2014年，随着深港现代服务业合作区在前海落地和广东省自由贸易区前海片区的建设，这些污染企业的搬迁成了全体市民的共同心愿，也是城市发展的客观必然要求。自20世纪90年代末开始，以"还我青山绿水""还我清新家园"为主题的环保维权事件接连不断，随着一个个污染企业的搬迁，又进一步提升了居民环保意识和维权意识，围绕住宅小区兴建垃圾转运站、医疗站、公交车站、变电站、电信接收台等。尽管每个人都需要干净的环境、优质的医疗、便捷的交通和足够的用电，但过分强调个人权益的人往往忽视或不顾公共利益。这反映了居民对美好生活的追求，但也折射了公共精神的缺失。同时也暴露了政府规划滞后、公共设施的建设不及时和宣传不到位的弱点。

（4）公平教育维权

近年来追求子女享受优质义务教育权利成为维权的新动向。随着居民权益保护意识的逐渐提高，维权的重点也是阶梯性发展，从维护自身劳动收入权益到物权、环境权和子女受教育权，充分反映了居民生活质量和城市文明程度提升的过程，也是深圳市经济社会发展的另一种体现。由于深圳市是全世界最大的移民城市，也是流动人口最多、人口倒挂现象最严重、人口密度最大、人口增长速度最快、人口年龄结构最轻、育龄期女性比例最高的城市之一。如何科学有序地配置教育资源，如何让这些教育资源均衡配置，中外都没有现成的经验，一切都要靠深圳人自己去摸索。2013 年，深圳市小学一年级招生数达 14.71 万人，2015 年达到 18.24 万人，年增长率达 12.31%。经过不懈努力，目前已基本解决了适龄儿童就学难的问题，但教育质量的地区差异普遍存在。于是进入好学校成为全部家长的共同心愿。按学区划分入校资格是深圳市乃至中国的通行做法，但如何科学划分学区就成了大家争议的焦点，把自己的住宅区划到一个优质学校的学区成为居民们争取权益的目标。

（5）对公共事务的知情权和参与权

公共事务的知情权是公民对于国家的重要决策、政府的重要事务以及社会上发生的与公民权利和利益密切的重大事件，有了解和知悉的权利。知情权是新闻界、出版界等舆论单位及时报道新闻事件的法律依据和事实依据。知情权这一概念还可以从两个层次上理解，一方面是作为报道活动前提的知情权，这是为了保障信息传递者的自由，与"采访自由"几乎是同义词；另一方面是指信息接受者的自由，即收集、选择信息的自由。在南山区的实践中，后者表现得尤为突出。

长期以来，中国的国家机关掌握着绝大部分的信息资源，对外公布信息资源的渠道主要是报刊、电台。随着科学技术的进步，人们思想观念的深刻变化，居民希望了解自己所处的自然环境、社会环境的真实状况，商家也迫切需要了解当地的营商环境。于是"知情权"作为公民权的一个基础性权利被提升到越来越高的程度，倒逼政府必须公开应当公开的信息，否则，居民将自由收集选择信息，用自己的眼光看世界。政府和居民共同成为社会治理的平等主体。

居民的知情权涉及方方面面，如道路改造、公共服务设施建设等涉及民生的事项。长期以来在预算、建设方案、建设效果和结算等方面，缺乏与居民进行充分酝酿和沟通，居民的质疑从来没有间断过。尽管政府不断改进工作方法，以咨询会、论证会、征求意见会，甚至通过报刊公开征集意见等形式征求居民意见，告知相关事项，但各种配套反馈机制尚未形成有机的整体，其效果尚未得到居民的认可。2015年最为突出的事件应该是"毒跑道事件"，即深圳市个别学校由于铺设塑胶跑道，被发现环保指标超标，引发专家、学生家长质疑，要求公布实情，追究责任人法律责任而引起的公众事件。最后事件以政府牵头，重新聘请环保机构进行塑胶跑道的环评，出具环评结果并铲除"毒跑道",以及追究相关责任人责任而告终。此事件直接反映了政府及相关部门封闭运转存在的问题,封闭运转容易导致腐败,已不适应时代要求。社会治理,居民应当享有知情权;社会治理,政府应当主动公开信息,把决策的全过程置于社会的监管之下,把决策作为凝聚民智的过程、整合资源的过程和争取民心民意的过程。

公共事务决策的参与权是指公民依法参与国家公共事务管理和决策的权利。居民参与公共事务的意识和水平是衡量一个社会现代化水平的重要标志之一。南山区作为改革开放第一炮打响的地方,从特区一建立就开始对政府积极引导居民参与公共事务进行了制度设计,最有影响的是 20 世纪 80 年代初蛇口工业区开展的职工直选工业区领导人,以及工资奖励机制的制定等,影响了中国改革开放的进程。改革开放之初,深圳市的建设,需要政府引导来自五湖四海的中国"拓荒牛"积极参与公共事务;21 世纪,随着南山区作为深圳市中心城区建设的推进,全世界各类英才汇集南山区,带来先进技术、先进管理经验的同时,也带来了现代的价值观。居民个人和群体对公共事务的积极参与,更体现为主动的参与冲动和需求。这是一个从被动到主动的变化过程。

深港西部通道侧接线工程设计方案的确定过程,体现了南山区居民对公共事务决策的参与权。为了进一步加强深圳市与香港的联系,促进深港进一步融合,21 世纪初,深圳市和香港政府共同商定在香港元朗和南山区之间建设深圳市海湾大桥。开辟深港西部通道,是中国第一个实行"一地两检"的现代化口岸,也是打通香港与珠江三角洲经济圈融合的重要快速通道。深圳市侧接线工程横跨南山区半岛 4.48 公里,设计通车日流量 6 万辆,涉及沿线居民 20 多万人。

在侧接线工程规划之初，沿线很多地方还是荔枝林或未建地，设计单位考虑到工程成本、施工难度和工程进度等因素，最初规划设计为高架桥式，造价7.8亿元人民币。后来随着南山区社会经济快速发展，沿线建起了大量的楼房，居民超过了20万人。2004年随着工程进入实施阶段，居民针对环保问题强烈反对原有设计方案，多次组织上访反映诉求，甚至在网上发起签名运动。由于西部通道是国家重点工程，沿线小区居民多、素质高，影响面广，事件迅速引起了社会的广泛关注。居民自发成立了专业团队，围绕环境污染问题进行论证，并与政府公布的数据进行比对，历时2年，先后召开公众听证会17次，民主协商会数百次，促使建设部门对工程设计进行了三次调整和三次优化。三次调整，即从最初的高架桥式，改为下沉敞开式，最终定为全封闭下沉式施工方案。三次优化，即定为全封闭下沉式方案后，第一次将侧接线入口和出口分别往东西方向延长200米，远离居民区；第二次是将隧道排气口从集中排放优化为分散排放，减轻大气压力；第三次即对沿途路面进行立体化改造绿化，包括建设了"和谐公园"和大气监测点等，有效地减轻了工程对环境的影响。当工程方案最终落定并开始施工时，得到了沿线居民的积极配合和交口称赞，居民得到了实惠，政府赢得了民心。2007年，香港回归中国10周年之际，深港西部通道顺利开通，时任中共中央总书记胡锦涛亲临南山区主持了开通仪式。

围绕工程建设，南山区委区政府和广大居民经历了一次民主建设的洗礼。事关切身利益，公民必须知情参与决策，可以向权力"说不"，可以向权威"叫板"；事关公共利益，政府应当与利益相关各方平等协商，共建共赢。整个侧接线工程造价虽然从7.8亿增加到21亿元人民币，但是，此工程却成了落实科学发展观、坚持以人为本的典型案例。也是居民参与决策、实现政府与社会互动的成功典范。

（6）安全环境需求

传统的中国社会，以自然经济为主。新中国成立后，推行了严格的户籍管理制度，社会流动非常少，人与人之间是熟悉的，基层政府与各种治理主体及对象的关系是相对固定的，治理的模式可以整齐划一且可以维持相当长一段时间。但改革开放、发展市场经济打破了这种固化的关系，社会流动以前所未有的方式在全国迅速展开。

由于经济快速发展，深圳吸引了大量外来人口，流动人口年流动率达到50%以上。毋庸置疑，流动人口的大量涌入，为深圳市的社会经济发展提供了充足的劳动力资源。在深圳市工业化、城市化和现代化的进程中，低廉劳动力持续性的增长，大大降低了深圳市的劳动力成本，支持了"三来一补"企业的发展，为深圳市的发展奠定了基础，增强了深圳市参与国际竞争的优势。30%左右的流动人口工作在"最苦、最脏、最累、最险"的生产岗位上，解决了劳动力结构性短缺的矛盾，有力地促进了城市建设和产业结构升级优化。作为深圳市服务业的从业人员和最大的消费群体，约30%流动人口通过自己的不懈努力加快了深圳市服务业的发展，确保了城市的稳定和繁荣。大量的流动人口，也给城市管理带来了严重的问题，必然对社会治理提出更高更新的要求。南山区1980年总人数在2万人左右，1990年达到18.53万人，其中流动人口达12.57万人，占总人口的67.8%。2017年实有管理人口达220万人，房屋34081栋，898018间（套），其中出租屋533993间（套），占59.4%。非户籍人口126万人，占总人口57.2%。居住在城中村的有52万多人，占流动人口总量41.2%，最大的城中村白石洲片区流动人口达12万人。全区流动人口中，男性63.66万人，占53.2%，女性占46.8%，劳动人口占82.9%。中国

56 个民族中有 51 个民族成员在南山区工作生活，少数民族人数达到 34000 多人。

流动人口发展如此之快，占比如此之高，流动率如此之大的社会现实，滋生了许多城市乱象：乱搭建现象普遍存在、无证经营猖獗、交通秩序混乱等。据统计，深圳市有 80% 以上的流动人口居住在出租屋内。出租屋既是流动人口栖身的场所，也是一些犯罪分子作案和藏身之地。10 年前（2008 年），深圳市有 20% 以上刑事案件直接发生在出租屋内，50% 以上刑事案件与出租屋有关联，而且 95% 以上案件为外来流动人口所为。深圳市统计局对民众对社会治安满意率的统计结果显示，2005 年为 81.2%，2006 年为 85.5%。深圳警方自 2006 年开始建设视频监控系统，公众安全感率大大提高。2017 年南山区公众安全感率达到 95.67%。

（三）社区治理的新要求

新型社区兴起，是深圳市、南山区经济社会发展的必然结果。这里所讲的新型社区主要是指社区产业优势突出，工作生活环境美好；各种生活设施齐全，配套服务完善；居民整体素质较高，民主自治意识较强的社区。这样的社区基本上是随着南山区高科技产业兴起而兴起的，目前有 52 个，占社区总数 51.49%。

1. 完善社区服务功能

新型社区在南山区发展很快，高素质人才在社区聚集，对政府的公共服务提出了许多新的要求。首先在文化娱乐上不再局限于原有社区文化普及的广场舞、乒乓球室、书画室和阅览室，他们作为高科技产业中的主力军，更希望社区中有更加广阔的公共社交场所，更高品位的健身娱乐会馆。如何为他们提供更加人性化的服务问题，已经摆在了基层政府的面前。

2017 年南山区常住的外籍人士占深圳全市常住外籍人士的 45%，主要来自美国、日本、韩国、法国和加拿大等 149 个国家。招商街道是外籍人士居住最集中的地区，针对辖区内来深工作生活的外国人日益增多、近乎占全市外国人 60% 的实际，作为沿山社区国际化的重要举措之一，招商街道联合招商派出所于 2010 年在鲸山小区建立了建筑面积达 200 平方米的"外国人社区服务站"，服务站搭建起外国人服务管理工作新平台，除了组织不间断的文化派对，还为外国居民提供法律宣传、生活指引等服务，为全面试点蛇口国际化样板社区建设奠定了前期基础和条件。外国人社区服务站设站长 1 名，副站长 2 名，外事民警 1 名，专业社工 2 名，其主要职责是为社区内的外国人提供法律宣传与咨询、租赁登记和居住查询、公共社区服务、矛盾纠纷调解和生活指引等各项服务。同时，以外国人社区服务站为核心，将服务功能辐射至其他社区，在水湾、海月、花果山 3 个社区警务室设立分站，形成"1 + 3"外管服务模式，提升整个辖区内的外管工作水平。2012 年，招商街道根据沿山社区的特点，提出建设国际化社区的设想，全力打造多元文化融合圈和各国居民共处圈，深化城区治理，推动创建蛇口国际化样板街区，深化城区治理。

2. 提高基层工作者素质

改革开放以来，社区的发展使基层治理从内容到形式都发生了翻天覆地的变化。同一个城市，由于发展不平衡，不同社区在同一时期出现了不同的治理界面；而同一社区，在不同发展阶段，随着业态的调整又呈现出不同形态的治理界面，不同的治理界面差异性又非常明显。如此复杂的社区变化，对习惯于计划经济时代遗留下来的管理思维的基层工作者是个严峻挑战，表现为思维不适应，知识能力不适应。这迫切要求基层工作者更新观念，要求他们有更广阔的视野以适应国际化的要求，有更敏捷的思维以适应快速变化的社会，有更丰富的知识以适应错综复杂的社区事务，有更专业的知识以适应更加具体的管理和服务事项，有更良好的心态以适应不同的人群需求。

3. 实现多元共治

新型社区最主要的特征就是社区居民的民主参与意识强。作为新生代、先富起来的一代，他们阅历丰富、视野辽阔，许多专业人士在某些领域上处理问题的能力可能会比我们的政府工作人员更加专业、更易得到居民认可。因而传统的一元化的领导，以单一的管理为主要手段、以最终让居民服从为目标的管理方式，将随着新型社区的兴起而越来越难以发挥作用。于是充分发扬基层民主，提高居民参与公共事务的意识，提高居民参与决策的水平，充分发挥居民在基层治理中的积极性、创造性，真正做到聚民智，实现多元共治，就成了基层治理一个大趋势。在这一进程中，基层政府进一步解放思想，敢于和善于简政放权，有序推进居民自治，让基层政府、社区组织和居民能够相互尊重，平等协商，共同推进社区建设，才有可能确保社会的和谐稳定。需要正确处理好加强精细化的社会管理和推进个性化服务的关系。没有精细化的管理就不可能实现人性化的服务，已经成为社区工作者的共识。在快速发展下的社区治理中，只有让治理的主体明确，治理的对象明了，才可能因地制宜，有针对性地提供符合居民实际需求的公共产品。

4. 运用信息化及高科技管理手段

20世纪90年代，深圳市大力发展高新科技产业，以信息化技术为核心的高新科技产业发展迅猛。领航中国，走向世界的信息技术企业包括华为、中兴通讯和腾讯等。信息化技术的广泛应用、社交网络的普及深刻地影响着社会治理，为社会治理能力现代化提供了新的契机和技术平台。

在传统的管理体制下，政府掌握着绝大部分的信息资源，也掌握着信息发布的绝对权力，在信息沟通不畅的情况下，上级对下级、组织对个人、政府对社会的监督有余，而下级对上级、个人对组织、社会对政府的监督却严重不足，地位也不相等。但科学技术革命打破了这个几千年留下的思维定式，信息化和社交网络的广泛应用使局面发生了根本性的改变。人人都是宣传员、人人都是监督员、人人都是小喇叭，无形中把政府置于全体居民的监督之下，并使监督具有全天候、全过程、全方位和全员覆盖的特点。海量的信息极易放大居民的负面情绪，以非常快的速度传播并形成"共识"，直接影响社会的稳定。从南山区近几年情况来看，居民针对一些公共事务通过社交网络联系，一方面积极讨论，民主决策，凝聚了共识，达到了共治的目的；另一方面也不时发生通过社交网络组织发起维权事件，影响社会稳定。信息化及社交网络的发展，让人人成为城市的主人翁变成可能，政府是社会治理的单一主体逐渐成为历史。在人人参与治理的背景下，面对海量的信息，政府的决策显得不再轻松，拍板不再痛快，对事件的反应也不宜再犹豫不决。信息化和社交网络的发展倒逼政府及各级官员必须提高执政水平，努力打造一个现代化的廉洁高效的政府，才能适应新时代居民的需要。

社交网络超越时空和阶层的限制，实现人与人之间更广泛、更深入的社会交往、情感交流和互动。通过信息共享和互动，创造出更多更新的社会空间、交流方式和生活方式。从海量的信息中，人们可以找到志同道合者、兴趣相投者，组成新的社会群体，甚至是利益共同体。政府及其他社会治理主体也能通过海量信息进行分析，为社会治理和经济发展提供更多科学依据。

国家治理能力现代化主要体现在治理观念的现代化和治理技术的现代化两个方面。科学技术的发展和进步，为国家治理现代化提供了技术支撑，信息化应用水平则直接影响着现代化进程。它能为社会治理搭建便捷的沟通平台，使各治理主体能以平等的身份参与公共事务，表达各自的利益诉求，从而突破传统体制中的组织结构层级森严、上下沟通不便、信息不对称和地位不对等弊端，使公共事务在更加透明的环境下运作，各类资源在更加开放的环境下整合，达到更加理想的治理效果。同时，阳光下的治理，能促使政府进一步变革传统思维形式。随着信息化应用，以居民需求为导向和以社会发展目标为导向的治理理念会进一步倒逼政府管理和服务工作流程再造，实现管理体制的改革，促进社会进步。

信息化时代最大一个问题是"信息孤岛"。政府部门、社会组织、企业都有自己的数据库，但流通十分困难。就人口数据库而言，公安、计生、民政、出租屋综管办都有自己的平台，市、区、街道甚至还有各自的系统，各平台、系统内互不兼容。数据不能共享，不仅造成资源浪费，还让信息化应当发挥的作用大打折扣。全国一盘棋或一个大的区域一盘棋，做好顶层设计，尤其重要。否则，缺乏跨领域开放共享的大数据，以信息化推动社会治理能力现代化将是一句空话。

信息化技术的应用，大数据平台的建设，使居民对政府提高办事效率、提供更加便捷的公共服务的期盼值提升。但在商业领域，包括购物、餐饮、出行订票、租车等事项已经达到了通过手机 App 操作实现。这就倒逼我们政府必须加快信息化建设，充分利用科技创新，倒逼政府流程再造，改革现行体制机制，让每个居民能够享受现代科技进步带来的更加人性化的便捷服务。

　　值得关注的是作为快速流动的社会，我们还应当充分利用信息化手段，动态准确把握社会流动的现状和规律，通过大数据分析，预测社会流动给管理上带来的新问题，以及在公共服务上带来的新变化，未雨绸缪、有的放矢实现精细化管理和为居民提供人性化服务。

　　习近平总书记曾多次强调，要切实加强网络社会管理，让网络空间清朗起来。社交网络主张信息自由、开放、包容的价值理念，加上全球化无缝对接和全天候的特点，使各种信息夹带着各种文化、意识、思想形态能无国界地交融。在冲击传统的价值观的同时，极易产生各种不良的思想意识形态，甚至极端思想，特别是在青少年中更易造成不可预测的影响，给社会造成不稳定的因素。如不法分子利用社交网络数据，甚至可以分析某一国家或地区居民的经济状况、政治倾向、主流民意和政府存在的各种不足，进而策划颠覆破坏活动。在北非发生的"茉莉花革命"就是如此。在国内的个别事件中，也出现政府信息披露不及时，造成公众事件的情况，影响极坏。同时信息化网络社交的发展，个人私隐信息保密工作也相当重要。凡此种种，给社会治理带来了更新更难以估量的问题。科技发展给人带来了方便的同时，始终伴随着挥之不去的烦恼，似乎成了现代社会的铁律。

　　南山区作为一个国际化程度较高的城区，拥有世界 149 个国家的公民和中国 51 个民族的居民，是当代世界融合的缩影，作为互联网信息技术发达的城区，社会治理面临的挑战将更加严峻。

第 四 章

南山基层治理理念

在南山，近40年的改革开放，近40年的经济社会发展，使其发生了沧海桑田般的巨变。经济社会的发展变化给社会治理提出了新要求，也为新型的社会治理提供了实践基础。社会实践引导着南山探索创新，推动经济社会进一步发展。南山区政府秉承以人为本的基层治理理念，努力打造和谐社区，在建设富裕文明、民主和谐的新南山的实践中，带领辖区人民群众逐步摸索创造出了一种新型的治理模式。

◇ 一　营造良好的城市发展环境

现代城市政府的治理核心问题是要为城市运行与发展，为市民的生活与发展创造适合的营商环境、法制环境、生活环境、人文环境和生态环境。

（一）有利创新的营商环境

营商环境是企业在开设、经营、贸易活动、纳税、关闭及执行合约等方面所需制度环境和成本条件等外部因素。从深圳经济特区建立之日起，深圳市政府就致力于创造适合企业发展创新的营商环境。

"创新"是深圳的根，深圳的魂。"勇于创新、追求卓越"被称为深圳的城市气质。近年来深圳市出台了《关于支持企业提升竞争力的若干措施》，以减轻企业负担，增强经济发展后劲：一是设立规模为100亿的中小微企业发展基金，重点支持符合深圳产业发展导向的种子期、初创期成长型中小微企业；二是实行奖励制度，对首次入选世界500强企业奖励3000万元，对首次入选中国500强企业奖励1000万元；三是拓展产业空间，计划到2020年，新增整备用地50平方公里，其中工业用地占比30%；四是推行便捷的商事审批制度，深圳企业登记注册的前置审批环节从149项减少到12项，同时取消80多项不合理的收费，使深圳营商环境提升到了一个新的高度。①

南山区是深圳转型升级、创新发展的前沿地带。自2012年开始，南山区就定位为国家核心技术自主创新先锋城区，把不断优化创新环境作为孜孜不倦的追求目标，创新环境不断得到优化。2014年南山区发布了中国首个区级科技创新发展报告，率先开通科技金融和科技创新在线服务平台，启动科技型中小企业重点培育计划，安排自主创新产业发展专项资金10亿元人民币。同时设立了南山国际创新驿站、蛇口创新谷、中国科技开发院预孵化器等创业苗圃。成立国际创客中心和中科史太白创客学院。② 连续举办11届"创业之星"大赛。区域创新的"南山现象"获社会普遍认可。2017年，5个诺贝尔科学实

---

① 2018年，由《小康》杂志、中国小康网发布的全国首个营商环境自强区县榜单出炉，南山位居第三。

② 《2015年南山区政府工作报告》。

验室、2 个未来产业聚集区、6 个双创示范基地、2 个制造业创新中心、4 个海外创新中心布局南山。

广东省自由贸易试验区前海蛇口片区坐落于南山。南山承担着打造对接国际一流营商环境示范区的任务。近年来，深圳市制定了国际投资贸易规则创新、投资"负面清单"、外商投资国家安全审查 3 个试点方案，直接促进了创新业态加速聚集南山、聚集前海。以跨境电商为例，截至 2016 年 4 月，进驻前海的跨境电商企业已达 420 多户，海湾报税港区入区货值达 14.99 亿元人民币，出区入境包裹 1527.18 万单。前海为促进深圳和香港深度合作，以吸引和服务香港青年创新创业和专业服务业合作为两翼，不断创造深港合作机制和工作平台。截至 2017 年底，前海蛇口自贸片区注册的港资企业累计已经达到了7102 家。注册资本达到 8705.42 亿元。

在创新观念的引领下，南山区创新实力逐渐崭露头角。2017 年南山全社会研发投入超过 250 亿元人民币，占 GDP 比重达 5.8%，科技进步贡献率超过 75%，接近发达国家水平。南山区内万人发明专利拥有量 320 件，达到国际创新型城市水平。2017 年南山区新兴产业增加值 2821.89 亿元，增速达 16%，占全区 GDP 的 64%；先进制造业增加值 1390.76 亿元，占工业增加值比重为 76.5%；现代化服务业增加值2035 亿元，占三产比重达 79.6%。荣登中国工业百强区（县）榜首。截至 2017 年底，坐落南山的国家级高新技术企业由 2012 年的 996 家增至 2941 家，超过广东全省的 1/10。国家、省、市级重点实验室、工程技术中心、企业技术中心、工程实验室、国家级平台、重大基础设施等创新载体数量，专利申请量及授权量，国家科学技术奖励所获奖项都居全国先进水平。

2017 年，南山区本地生产总值突破 4000 亿元大关，达到 4600 亿元；辖区税收从 2016 年的 1017 亿元跨越到 1325 亿元，增长 30.3%，增速居全市之首；公共财政预算收入从 186.4 亿元跨越到 237.8 亿元，增长 27.6%。人均 GDP 超过 5 万美元，每平方公里土地创税 7.1 亿元。

（二）健全的法治环境

良好的法治环境，是维护和推动经济社会发展的基石。作为改革开放发源地的深圳，从建市开始，就把法治建设摆在突出的战略地位，伴随着改革开放一路前行，从而确保社会经济发展沿着健康的轨道前进并取得了巨大的成就。华为总裁任正非曾经说过："深圳有着良好的法治化、市场化环境，为华为的成长提供了良好的支撑。在很多深圳企业家眼里，法治化和市场化已内化为深圳最显著的城市特色，是他们选择深圳、扎根深圳、获得成功的最重要因素。"①

从深圳内部看，南山区又是一个率先发展、先行先试的试验区、示范区。从法治建设看，一方面，南山的实践为深圳整体的法治建设提供经验基础；另一方面，南山又扮演着深圳全市法治建设排头兵的角色，为全市的法治建设探索开路。

如果说深圳在建市之初，主要是"破"字当头，率先打破传统体制机制约束，解放和发展了生产力，那么在之后的 30 多年中，"立"是伴随着深圳不停息地发展的。这个"立"主要体现在"法治"上，让社会经济发展有法可依，有章可循。1992 年深圳市人大获得全国人大授权立法。2010 年，深圳市政府提出了建设法治政府的目标。

---

① 参见王湛、王若琳《勇毅笃行建设"法治中国示范市"》，《深圳特区报》2017年8月29日。

2013 年，明确地提出了"三化一平台"改革主攻方向，把法治建设作为全面改革的突破口，加快建设一流法治城市的步伐。2014 年底，深圳市委出台了加快建设一流法治城市的《重点工作方案》和 6 项工作《实施方案》，强调在全面深化改革的新时期，深圳作为市场经济的先发之地，必须加快一流法治城市建设，确立法治在城市治理和社会管理中的基础性、规范性、保障性作用，积极推进城市治理体系和治理能力现代化，努力形成"安全有序可预期"的发展环境，使"一流法治"成为深圳经济特区新时期最为显著、最为核心的竞争优势。

自 1992 年深圳获得"特区立法权"以来，截至 2017 年 6 月 30 日，深圳市人大及其常委会共制定法规 220 项，其中特区法规 180 项。在 105 项先行先试类法规中，有 41 项是早于国家法律、行政法规出台的，比如深圳率先制定了股份有限公司条例、有限责任公司条例、律师条例、公民无偿献血及血液管理条例、政府采购条例、循环经济促进条例、心理卫生条例等，为国家制定公司法、律师法、献血法、政府采购法、循环经济促进法、精神卫生法等都提供了宝贵的可复制可推广的经验，为国家建立和完善社会主义法律体系作出了重要贡献；有 64 项是在国家尚无相关法律、行政法规的情况下制定的，如控制吸烟条例、改革创新促进条例、保障性住房条例、建筑节能条例、商事登记条例、文明行为促进条例、全民阅读促进条例、医疗条例、质量条例等都是全国首部法规，既填补了国家立法层面的空白，又为其他地方立法提供了有效借鉴。深圳先后制定高新技术产业园区条例、技术秘密保护条例、创业投资条例、科技创新促进条例等多部法规，为深圳自主创新和高新技术产业发展提供了强有力的法律支撑；深圳运用两个立法权制定的一大批具有鲜明特色的城市管理方面的法规，从市容环境卫生管理、公园和城市绿化、交通运输，到文化教育、医疗卫生、法治政府、社会保障等各个方面，是深圳在城市管理领域成功践行小政府大社会理念的重要保障；而深圳在生态文明建设领域的立法极具前瞻性，涵盖了水、空气、海洋、噪声、垃圾、节能等多方面。①

南山区自身法治建设以及在深圳全市的法治建设中的探索引领作用，主要体现在前海深港现代服务业合作区的法律体系的建设。前海是中国唯一的由国家批复建设的法治示范区。习近平总书记 2012 年视察前海时曾经指出"前海的改革，要相信法制的力量"②。深圳国际仲裁院院长刘晓春认为"依靠低成本吸引外资，促进开放的法则在前海已经不适用了。前海所依靠的只能是一种内生的力量——法治化、国际化的营商环境"③。

在前海，主要从 6 个方面优化法治环境：

一是将建立一套符合自由贸易试验区战略定位的投资贸易规则体系，包括融资租赁条例、创新保护条例、金融信息安全保护条例、人才管理改革试验区条例、电子认证服务管理办法、社会劳资类新业态金融企业信息披露管理办法等；

二是按照统一、公开公平原则，试点开展对内对外开放的执法和司法建设，实现各类市场主体公平竞争；

三是强化自贸试验区制度性和程序性法规规章建设，完善公众参与法规规章起草机制，探索委托第三方起草法规规章草案；

---

① 《深圳地方立法 25 年成就斐然 七成属先行先试创新变通法规》，《深圳商报》2017 年 7 月 14 日。

② 夏凡、王星：《法治创新深圳前海先行先试》，《深圳特区报》2016 年 3 月 27 日。

③ 张玮：《前海改革瞄准法治国际化》，《民主与法制时报》2014 年 3 月 20 日。

四是完善知识产权管理和执法体制，完善知识产权纠纷调解和维权援助机制，探索建立自贸试验区重点产业知识产权快速维权机制；

五是对涉及自贸试验区投资贸易等商事案件建立专业化审理机制，实行跨行政区划管理案件、实行审执分离等；

六是发展国际仲裁、商事调解机制，成立了深圳国际仲裁院，积极构建多元化国际化的纠纷仲裁和调解机制，现有来自42个国家和地区的境外仲裁员232人。国家仲裁院还牵头建立了国内唯一海事物流仲裁中心和设立国内唯一一家跨境调解联盟。

（三）完善的服务环境

提供良好的公共服务是政府管理的重要内容，良好的公共服务是有利于经济社会发展最重要的软环境。在公共服务中政府部门办事效率、办事流程规范性以及政策的公平性，最受社会及企业关注。南山区作为深圳市的经济大区，在服务软环境建设方面一直走在深圳全市的前列。

1. 制度建设是良好公共服务的基础

南山区把公开政府权责清单和实行公共服务中心作为实施政府管理的基本方式。南山区借助电子政务、大数据与人工智能技术，建设公共服务综合平台。面向社会与企业的公共服务中心分为以服务法人为主的区级公共服务中心和以服务自然人为主的街道级公共服务中心两个层级，提出了"一号（身份证号）申请、一口（窗口）受理、一网通办"公共服务流程，将多个政府部门的审批职能剥离出来，统一由公共服务中心承接，做到一个中心、一枚公章审理所有行政服务事项。梳理街道职责范围的公共服务事项，规范办事流程。引入内部电子监察和服务评价机制,对逾期未办结业务实行督办督察,列入政府年度绩效考核范围。同时开发统一的网上办事平台,方便了企业和居民,提高了工作效率。

近年来,南山区充分利用科技手段,努力打造"互联网＋政务"的服务模式。南山行政服务大厅已有 21 个市、区直部门进驻,可办理事项 607 项,全部实现网上办理。"5 个 100％"(100％一号办、一窗办、一网办、一次办、阳光办)办事模式成为政务服务"南山标准"。南山区"亲清政企"① 综合服务平台被列入第三届中国"互联网＋政务"50 强优秀实践案例。

2. 拓展促进企业发展的产业空间

南山区充分认识市场对企业自主创新的内在驱动力,强化政府对企业自主创新的外部支撑力,拓展产业空间,努力实现有质量的稳定增长和可持续发展。近年来,南山区先后出台了建设核心技术自主创新先行区"6＋1"政策:"1"是《南山区建设核心技术自主创新先行区的实施意见》;"6"包括专项资金扶持、核心技术创新奖励、高端人才及团队引进、人才住房保障、人才医疗保健、"航母企业"专项扶持。"6＋1"政策加快了南山区产业的转型升级。

在拓展产业发展空间方面,南山区最有代表性的案例是"南山智园"的建设。"南山智园"位于深圳大学城附近,是南山区推动北部片区经济发展的重要项目,也是促进南山战略性新兴产业腾飞的重要

---

① "亲清政企"是一种新型政商关系。2016 年 3 月 4 日,习近平总书记在看望参加全国政协十二届四次会议的民建、工商联委员时指出:"新型政商关系,概括起来说就是'亲''清'两个字。"所谓"亲",是坦荡真诚同民营企业接触交往,在民营企业遇到困难和问题的情况下积极作为、靠前服务,帮助解决实际困难。所谓"清",是与民营企业家的关系清白、纯洁,不搞以权谋私、权钱交易。

载体。"南山智园"重点发展生物、互联网、新能源、新材料等新兴产业。在园区建设的早期，为做好园区服务，每周都安排半天时间让区领导现场办公，解决园区建设中出现的各种问题。同时园区服务按市场化运作，开展以产业服务、企业服务、生活服务为主导的园区服务模式，同时兼顾3个层次的不同需求，充分利用先进的信息化管理工具以及营造良好的科技人文气氛，打造成国内产业园区服务标杆型项目。

3. 提升促进创业创新的服务水平

为了促进大众创业、万众创新的服务水平，建立区域性创新创业联盟，发挥创新集聚效应，南山区政府提出了"市场方向、政府推进、园区载体、创新服务、协同发展"的工作方针，并具体出台了加快区域创新体系建设20条措施，充分调动政府与社会资源，创新政府扶持方式；鼓励众筹事业发展，拓展科技融资；加强创新资源共享，鼓励开放重大科技基础设施、检验检测服务机构、实验室、工程中心等平台。支持做大做强各类人才载体，对新型研发机构给予最高1000万元资助，对国家重点实验室、工程实验室、工程（技术）中心、企业技术中心等创新载体，给予最高200万元资金支持。推进创客发展与交流，打造创客品牌，发扬"中国（深圳）创新创业大赛""创业之星"等赛事特色，培育创新意识和创新文化，营造鼓励探索、宽容失败的创业氛围。

南山区有着支持科技创新和扶助科技企业的传统。早在1999年，南山区就成立了南山科技创新服务中心，推进"大孵化器战略"，完善科技创业环境。形成政府主办、民办合营、民办民营和政府服务4种有效的孵化器运作模式，共有各类孵化器46个，占深圳市60%，其中国家级孵化器8个，孵化面积超过232.4万平方米。具有孵化功能的产业园区 46 个驻扎了 2942 家创新型科技企业，涵盖新能源、新材料、互联网、医疗器械、数字文化服务等产业，使南山成为中国科技集聚效应最突出的城区之一。2015 年，还通过创新服务券的形式，分别对科技企业购买科技服务产品和服务机构提供科技服务活动进行补贴，最高可获得 20% 总额 50 万元的服务补贴。2016 年，又成立了企业服务中心和金融办两个服务企业的机构。在高新南区建设行政服务大厅分厅、综合户政业务服务中心，打造政务服务供给侧结构性改革的样板。

南山区还建成深圳首家"全链条、一站式服务"的"知识产权保护与运营中心"并投入试运营。中心面积 6600 平方米，引进市仲裁院等 6 家保护机构、美国布林克斯律师事务所等 14 家运营机构，以及 3 家行业协会，构建保护、运营、转化、协同、支撑"五大链条"。

4. 完善引进人才服务机制

当前国际竞争归根到底是人才的竞争。南山始终实行开放的人才政策，建立和完善中外各种人才引进机制，确保人才自由流动。

2016 年，南山正式实施了"人才发展计划"，提出了打造人才"四区一港"的目标：即中国人才发展体制机制创新区、人才权益保障法治试验区、多元文化融合模范区、创新创业要素集聚区，以及国际人才集结港。

南山区建立了高层次创新型人才及团队引进和支持体系。为打造更加优质、高效、便捷的人才服务，在高房价深圳解决引进人才的安居问题，南山推行"一街道一人才公寓"计划，构建覆盖全区的人才住房服务网络，缓解人才住房难题。发放人才住房补助 3.5343 亿元，提供共 3327 套房源。同时着力提升教育保障水平，鼓励引导社会力量办学，继续实施"精英人才校园共享计划"，选派优秀教师到新建学校交流任教，促进优质教育资源的合理均衡配置；着力提升医疗保障服务水平。在南山、蛇口医院设立高层次人才"特保中心"，提供就医绿色通道和"一条龙"服务；为引进人才补助医疗保障经费500多万元。

（四）优美的生态环境

城市的主人是居民，发展经济是为了让居民更好地享受美好的生活。给广大市民提供一个宜居的生活环境是发展经济、建设城市的出发点和落脚点。

经济建设不能以破坏生态文明为代价，这是世界城市发展付出惨痛教训换来的启示。绿水蓝天、清新空气是大自然的恩赐，更是环境保护、生态建设和社会治理的目标。随着工业化、城市化和现代化进程的加快，城市的生态环境必然遭到不同程度的破坏。南山区曾经是环境污染的重灾区。快速工业化发展，使南山汇集了4个发电厂，年发电量192亿度，二氧化硫排放量占全区总排放量的92.8%，占深圳全市的70%。如何保持经济高速发展，给居民创造更多的财富、提供更多现代文明的同时，保护环境，维持良好生态，这是工业化、城市化、现代化建设中社会治理的重要课题。

治理污染，保护环境，规划优先。南山区把环境保护和生态修复纳入国民经济和社会发展规划纲要，把环境保护、生态修复，分为3个部分：生态绿化、生态水源和自然资源。生态绿化主要指南山区重要的水源生态保护区的建设。南山区的生态资源主要集中于大小南山等5座丘陵和西丽、长岭陂两大水库，以及华侨城湿地。保护好五山、二水、一湿地是南山环境保护、生态建设的主体，对于维持南山以及整个深圳的生态平衡，净化空气、改善城市小气候、降低城市噪声以及为居民提供休闲娱乐、美化景观、防灾避险起着关键作用。

在治理污染方面，南山区政府出台了污染整治整体方案，采取"调、控、治、迁、改、管"等综合手段治理污染。在治理空气污染方面，南山区投资 9.4 亿元完成妈湾电厂"海水脱硫"工程，投入 1.5 亿元用于南山热电和月亮湾电厂的"油改气"和移动供热项目，通过热电联产对 15 家印染企业集中供热，一举拔掉了 29 根大烟囱，每年可少用约 1 万吨重油。通过一系列举措治理空气污染，在南山基本实现了二氧化硫零排放。同时，南山区政府还完善执法队伍建设，提升环境执法监督能力；探索建立环保公益诉讼制度，构建环保信用评估体系。加强环保信息化建设，针对污染治理、环境检测与预测、土壤和生态保护等内容，探索建立智能监测保护定位，建立监管监测信息库。南山地处南海之滨，四处是水乡泽国，水资源、水环境保护十分重要，南山制定全面的水资源保护和修复规划，以保护饮用水源地为重点，严控饮用水源地污染。在保护水源地的前提下，南山推进生态河道建设，恢复自然河岸，在水源保护地和河岸建立多树种、多层次、多色彩、多功能、高效益的生态防护体系。现在南山区饮用水达标率达到了 100%，在中国产业最密集、经济最发达的地区，南山人民享受着绿水青山和清新空气。

（五）面向未来的人文环境

人文环境体现了一个城市的品质和品位，构建一个健康向上、充满活力的人文环境，也是现代社会治理的一个重要目标。

自南山区建区开始，历届区委区政府都把"文化南山"作为城区发展的主要目标而加以精心培育。一个城市的文化首先来自历史，一个城市的历史底蕴是城市文化的根基。

南山古称南头，早在1300多年前的东晋时期就是东官郡的行政中心，管理面积约17.97万平方公里，相当于4.35个瑞士。南山现有南头古城、宋少帝陵、左古炮台、天后庙等历史古迹。改革开放后，为提高南山文化品位，历届政府都浓墨重彩地对文化基础设施作出科学规划，把它作为构建文化强区的基石。南头古城博物馆、天后博物馆、南山图书馆、南山文化馆、南山博物馆、蛇口改革开放博物馆、南山文体中心、西丽体育中心、深圳湾体育中心等一个个"文化地标"先后落成。南山博物馆建筑面积3.6万平方米，是深圳现有单体建筑面积最大的博物馆，将打造成全国一流的区（县）级博物馆。

作为中国改革开放的先行区，中外文化交融、古今文化相聚是南山突出的文化特征。南山有着深厚的闽粤文化传统，南山政府因势利导，积极资助各种文艺团体发展壮大和开展公益文化艺术活动。南山粤剧团、天乐曲艺团、南山民间艺术团、金彩霞艺术团等共有418家不同类型的文艺团体活跃在现代南山的公共生活中间。南山现在形成了十多个文艺品牌，包括"南山流行音乐节""夕阳红艺术节""粤剧艺术周"等，也有结合传统节日开展的"开丁节""盘古王诞庆典""端午游园活动"等民俗文化活动，更有面向国际的经典音乐节，努力打造中国文化演艺之都。

南山是中国经济最发达的地区，后现代文化与日俱增。南山区筹办了最具后现代文化特色的马拉松赛事——"南山半程马拉松赛"，推动全民健身的同时，为青年一代的后现代生活追求营造氛围。南山也是中国最为开放的地区，国际化也是南山文化建设的重点，文化建设也在提升南山的国际影响力。每年南山举办大量的国际文化体育活动，现在比较知名的国际文体活动有："南山国际山地电影节"、"一带一路"国际音乐节、国际设计周、三人篮球亚洲杯赛、太子湾国际邮轮母港旅游节等系列活动，以及"东南亚风情文化节""德国啤酒节"等，搭建起了南山与世界进行文化交流的平台。

南山文化建设奉行以人民为中心的理念，一切文化体育活动的出发点和落脚点都是为了人民群众。所有文体活动都面向群众，倡导参与性、大众性，为普通市民搭建文化活动平台。为此，南山区政府采取制度化的文体运作方式，将南山区公益文体活动全面实行社会招标，促进所有文体活动便于群众参与、吸引群众参与。近年来，南山共吸引全国近 1000 家优秀文化企业进驻南山，举办各类文化活动 2 万多场，形式风格多样，从当代流行到传统民俗，从广场到剧场，满足居民各种需求。每年受惠居民达 100 万人次。

国之大计，教育为本。提高公共服务水平，提升城市文明素质，都离不开教育这个根本。现代的国际化大都会一定是一个教育普及、科学发达、文化昌明的城市。

南山区政府十分重视教育在城市发展中的地位和作用。把大力发展高等教育和促进教育均等化作为发展教育事业的两个重点。

自 1983 年深圳大学落户南山开始，南山区积极为高等教育和高校落地南山创造条件。30 多年来，深圳职业技术学院、深圳大学、深圳南方科技大学、深圳香港中文大学、中山大学深圳校区等 9 所大学陆续落户南山，占深圳全市高校总量的 75%。同时随着高新科技园的建设，使南山成为深圳高等学校、科研机构最集中的城区。南山区在校大学生达 7 万多人，在南山常住人口中具有本科及以上学历者达到 33%，是深圳居民受教育程度最高的地区。

作为在改革开放中崛起的新兴城区，南山区拥有大量外来移民。

移民以及外来人口子女的教育问题是中国改革开放年代的一个具有广泛性的社会问题，教育公平尤其是一个社会难题。南山区一直高度重视教育均等化问题，争取为所有来到南山的外来人员的子女提供尽可能均等化的受教育机会和基础教育服务，以全面深化教育领域综合改革，促进教育公平，大力推进数字化、个性化、终身化的教育系统，推进社区教育创新发展和学习型社区建设，普及基础教育和继续教育，调动广泛的社会资源投入基础教育和继续教育，让学习成为南山人的习惯，让教育成为南山发展不竭的动力源泉。

◇ 二 以人为本的基层治理

社会利益格局深刻调整、社会矛盾纠纷和诉求表达日益多元化的社会现状，对基层治理提出了更高的要求。基层社会治理千头万绪，牵涉的利益群体多元纷杂，既要坚持用法治思维和法治手段化解城市基层社会治理中的矛盾问题，又要加强基层社会治理的统筹协同，解决居民看病难、买房难、交通拥堵、小孩读书难等民众关心的基本民生问题，提供更好的发展机会和权益的保护等。以人为本，是南山社会治理实践的发力点。

改革发展，稳定为先。在快速发展经济的同时，保持社会和谐稳定，以和谐安定的社会环境保障经济的可持续发展，是社会治理的主要目标之一。没有稳定，一切无从谈起，已经取得的成果也会失掉，这是中国付出了惨痛代价才取得的共识。中国正处于经济体制转轨时期，各方面利益关系变动较大，各种矛盾可能会比较突出，一个很小的问题，如果乘以 13 亿，就会变成大问题。作为改革开放的前沿，深圳及南山区在社会治理方面，遇到的新情况、新问题比其他地区更早、更突出。因此，南山区以创新性的思维，综合运用法律、政策、经济、行政等手段，力求从源头上预防和减少社会不稳定因素，打牢维护稳定的社会基础。

进入新世纪，经历了 20 余年改革开放和快速发展的南山区开始感受到了"四个难以为继"，即在人口、土地、资源、环境 4 个方面的不可持续发展的压力。南山区基本公共服务存在着大量短板和欠账，居民看病难、买房难、交通拥堵、小孩读书难问题日益突出，而且这些问题随着城市发展空间进一步压缩而变得更加突出。南山的发展面临着两个极限：一是开发强度达到极限，到 2020 年，建设用地剩余净增量将成为负数；二是承载能力达到极限，目前管理人口达 220 万人，未来还将新增 200 多万就业人口，预计总就业人口将达到 440 万人，[①] 通勤出行人口超过 260 万人，这将给南山交通等基础设施带来巨大压力和挑战。

有限的城市空间，按照传统的公共服务供给方式显然难以满足需求，南山决心用创新性的思维，走出一条不同以往的治理新路。

（一）打造宜居南山、通畅南山

中国有句古话"安居乐业"。从社会治理的意义上讲，保障居民的居住条件，创造良好的居住环境，是基层治理的起点。

建设满足不同人群需求的住房，使居者有其屋，这是南山区最基本的社会治理目标，要完成这个看似简单朴素的目标却是一项十分艰

---

① 　含在南山就业，非南山居民的就业者。

巨的任务。南山是中国移民率和流动率最高的市区，在全世界也鲜有如此之高的移民率和流动率。南山不仅移民率和流动率高，而且居民成分复杂，不同阶层的人士和人群对居住要求有不同的偏好，为他们提供不同层次、品位各异的住宅和居住环境，是南山区治理过程中首先面对和亟待解决的问题。经过多年的实践探索，南山区在解决住宅和居住环境方面形成了政府主导、市场运作的解决方案，构建了覆盖不同层次、不同需求的居民住房体系，主要包括别墅区、高档住宅区、商住区、人才公寓、普通住宅区以及城中村 6 类住房类型。

2015 年秋，对于来深建设者中尚未买房的人士来说是一个惆怅的秋天。短短半年里，深圳市住房均价就上涨了 40%，而南山区更是成为全中国房价最昂贵的城区，每平方米达到 61475 元。与此同时，房屋租金也连续 20 年上涨，在中心城区均价达到每平方米 125 元，城中村均价达到每平方米 60 元。这给来深建设者们带来了巨大的压力。

面对持续上涨的房价、房租压力，南山区政府首先解决"雪中送炭"问题，针对大量的流动人口，大量无房的低收入以及打工群体，着力推进城中村的"宜居出租屋"建设，以期为全社会尤其低收入群体提供居住安全底线，创造安全、整洁的居住环境。为此，南山区在公积金贷款、降低首套房首付以及降低银行贷款利率方面尽可能为置业者、租房者提供便利。

南山区利用城市中遗留的大量"城中村"不遗余力地推进"宜居出租屋"建设。2015 年在 68 个城中村，14000 多栋出租屋内全面推进，覆盖 50 多万人。在为广大市民特别是外来务工人员提供居住安全底线的同时，大力加强了对出租屋的管理服务工作。首先，实行了房屋编码制度，以房管人，推进旅业式、物业式、单位自营式、散居包片式、院区围合式管理模式，发挥业主和物业管理公司积极性并强化他们的责任。其次，南山区全面推行"门禁 + 视频监控"系统，提高技防水平，特别在城中村，做到公共场合视频探头全覆盖。这些措施在很大程度上保障了南山区实现居者有其屋，保障了普通社会群体的居住安全，提高了全区的公共安全水平。

对于现代城市而言，与居住紧密相关的是交通，发达的交通是便捷城市生活的基本元素。截至 2017 年上半年，深圳机动车保有量高达 320 多万辆，车辆总数和车辆密度均是全国第一。为缓解交通出行难，深圳市大力发展轨道交通，十几年来，共开通 11 条地铁线，总长度达 400 公里；大力发展公交系统，共有公交线路 903 条，日运量达 587 万人次。为让居住在深圳市的每一个居民都能享受便捷的交通，深圳市还大力加强道路交通基础设施建设，目前道路总长度达 6500 公里，几乎延伸到每一个居民区，同时配备了微循环小巴士方便居民出行。

南山区作为深圳的核心城区交通状况十分严峻，南山的汽车保有总量在深圳市是最高的。长期以来南山区不遗余力地在城市发展中协调解决交通问题，近年来通过 30 余项措施缓解城市交通拥堵问题，致力于形成公共交通为主导的出行结构，实施道路打通工程、干道强化工程、公交提升工程、慢行再造工程、管理加强工程 5 大工程。首先实现公交分担率达到 70%，远期将达到 85%。为实现这一目标，截至 2017 年底，全区已实现城市道路网密度 5.85 公里/平方公里，辖区 500 米公交站点全覆盖。南山区还通过建设一批便民公益停车场，缓解停车难问题。

为方便居民生活，南山区还打造了 15 分钟生活圈，让每位居民在 15 分钟车程内都能享受便捷的购物、就医、上学等公共服务。

（二）推进医疗卫生事业

随着城市的扩容和人口的快速增长，医疗卫生服务成为深圳和南山城市生活的一大短板。2015年底，按照深圳市常住人口计算，每千人医生人数为2.6名，每千人床位数3.4张，三甲医院10家。经过努力，截至2017年年底，每千人床位数上升到3.6张，但仍然低于全国5.1张的平均水平，三甲医院只有16家。尽管所有医院都在超负荷运作，但相对庞大的流动人口，看病难仍然困扰着每一个深圳市市民。

提高医疗卫生水平，保障居民身体健康，是基本公共服务的主要内容。南山区常住人口近136万人，实际服务人口约220万人，大量高端人才的集聚，作为经济强区、人口大区，南山区与北京、上海、广州一些发达城市相比，有很大差距，迫切需要医疗资源充足供给。为了缓解居民看病难的问题，南山区采取了两大措施，一是建立和完善社区健康服务中心，方便市民就医；二是建立医疗集团，提高医疗资源的利用率。在经济、人口迅速发展的同时，尽力推进医疗服务的快速发展。

1. "健康南山"

南山区不遗余力加大医疗投入力度，提高医疗卫生水平。以构建"卫生强区"和"健康南山"为目标，以保障人民健康为中心，加大政府对医疗卫生事业投入，实现医疗水平与经济总体发展水平相适应。为此，南山区采取了四大措施。

第一，扩建医院，新建医院。同时扶持中医药医疗服务，发挥中医药"治未病"优势，巩固和提高中医药示范区带动效应。南山医院

改扩建工程是建区以来区财政投资的最大民生工程，增加医院床位
2500 张以上。西丽医院是南山区的知名医院，区政府投资建设新医
疗大楼，增加该院总床位至 586 张。经过全区上下共同努力，到 2017
年年底，南山区医疗卫生资源供给和服务能力大幅提升，全区每千人
病床数达到 4.43 张，每千人医生数达到 3.02 人；新增社会办医疗机
构 133 家，同比增长 137.5%。

第二，推进医疗卫生"三名工程"，即名医工程、名院工程、名
诊所工程。名医工程积极引进和培育人才，打造名医团队；名院工程
通过区属公立医院与国内外名医学院和医院建立长期合作关系，借鉴
先进的医院管理制度、医疗技术和服务理念，实现公立医院医疗技
术水平的跨越式发展，已经与湖北省武汉市协和医院、湖南省湘雅
二院以及广州中山大学医学院建立了合作关系；名诊所工程，即鼓
励社会办医，筹建名医诊疗中心，已有维世达胜凯名医诊疗中心等
多家连锁品牌门诊进驻南山。2017 年引进市、区两级"三名工程"
团队 13 个。

第三，与高等院校医学院合作，为南山培养医学人才，提高医护
人员素质。南山区在省内与中山大学合作办学办医之外，已经与广州
中医药大学第一附属医院合作共同建立了南山中医院，南山区西丽医
院与南方科技大学、妇幼保健院与广东医科大学深度合作，建设国家
住院医师规范化培训基地。南山区还在筹划引进北京大学医学院、美
国约翰霍普金斯大学医学院、美国德州大学 MD 安德森癌症中心、哈
佛布莱根妇女医院等国内外名院名校来南山合作办医办学，把深圳及
南山打造成名院、名校、名科集聚的医疗卫生高地。

第四，扩大医保覆盖面，实现基本医疗卫生服务均等化。病有所
医是基本公共服务均等化的主要内容之一。2013 年《深圳市社会医

疗保险办法》出台，该办法规定了深圳市医疗保险制度应遵循广覆盖、保基本、可持续、公平与效率相结合、权利与义务相对应、保障水平与社会生产力发展水平相适应的原则。用人单位和职工应共同缴纳社会医疗保险费，并做到应保尽保。2016年，南山区基本养老保险参保人数共达118.5万人，参保率达91.78%。医保单位覆盖到所有的医院、社康服务中心和注册的药店。

2. "10分钟就医圈"

为居民提供便捷医疗卫生服务。南山区在加大推进医药卫生体制改革，加快基本医疗卫生制度和现代医院管理制度建设的同时，全面推广全科医生服务，做大做强社会健康服务中心，已实现101个社区全覆盖。建立健全基本医疗卫生制度和"基层首诊、双向转诊、急慢分治、上下联动"的分级诊疗制度，不断提高基层医疗服务能力。进一步提升全区公共卫生服务水平，增强居民预防保健理念，切实做好重点传染病防控、慢性非传染性疾病防治工作，全面提升突发公共事件卫生应急处置能力。同时推进智慧医疗建设，建立南山区域卫生数据中心，实现全区医疗信息互通互认共享。鼓励和支持民营医疗机构发展，满足人民群众多层次多样化的健康服务需求。

社区健康服务中心是国家公共卫生工作的重要组成部分，是实现"人人享有初级卫生保健"目标的基础环节，融"预防、保健、康复、健康教育、计划生育和医疗"为一体（即六位一体）的基层卫生服务机构、社区健康服务中心负有社区预防、社区保健、社区康复、健康教育、计划生育技术指导与咨询指导、基本医疗等职能。

南山区在医疗改革的探索中，从"以医院为中心"转向"以基层为重点"，把社区健康服务中心包括社会力量承办的社区健康服务中心，统统纳入南山医疗集团体系内。南山医疗集团体系内已经形成居民 10 分钟就医圈服务网络，有效缓解大医院就医难题。《南山区社区健康服务中心设置规划（2017—2020 年）》，提出优化调整社区健康服务中心布局，升级统一装修装饰标准，并确定从全区层面统一规划社区健康服务中心的整体规模和数量，其中一项硬性规定为在每个街道至少配置 1 家以上面积达到 2000 平方米以上的区域社区健康服务中心。2017 年上半年，南山社区健康服务中心门诊量达到 172.7 万人次，占全区公立综合医院总门诊量 53%，同比增长 6%；双向转诊达到 10.5 万人次，同比增长 58%。随着各种医疗资源不断下放、社区健康服务中心水平不断提升，南山已经形成了"小病进社区健康服务中心、大病进医院"的合理就医格局。

3. 公立医院改革

公立医院改革是南山区重大改革项目。2009 年 6 月，南山区人民医院成立了由政府部门代表、医院管理组织成员、辖区内相关行业的高层人士组成的理事会。理事会在区政府授权下开展工作，接受区政府的监督管理，主要职能是履行医院决策职能，形成了"政府出资、理事决策、班子经营、多重监督"的管理体制。医院领导班子实行首席执行官，有了更多自我执行权。

2017 年 9 月，南山医疗集团举行揭牌成立仪式。南山医疗集团由管理中心、南山医院、蛇口医院、西丽医院、区妇保院、区慢病院及所属社康中心组成。组建南山医疗集团，是南山区整合优质医疗资源、提升辖区医疗卫生服务能力的一项重大举措。医疗集团通过建立现代化医院管理制度，提升医疗资源利用率，转变医疗服务模式，推进管办分开，落实分级诊疗，向公立医院改革迈出了实质性一步。

（三）均衡教育资源

教育是最大的民生项目之一，教育资源的均衡是公平教育的重要内容。南山区在教育资源均衡方面下了很大的功夫，73 所各具特色的义务教育阶段中小学遍布南山的各个片区，居民家门口两公里范围一定会有一所中学，一公里范围内肯定有一所小学。

2003 年 4 月 8 日，南山区创立了蛇口育才教育集团，由育才中学、育才二中、育才一小、育才二小 4 个省一级名牌学校组合而成的育才教育集团致力于做大做强优质教育、打造南山教育的"联合舰队"，努力争取让每个孩子都能在家门口"上好学、读名校"。此后又相继成立南山实验教育集团、南山外国语学校（集团）、南方科技大学实验教育集团、南山第二外国语学校（集团）。截至 2017 年年底，南山共有 5 个基础教育集团，1 个职业教育集团，有 38 所学校实行集团化、联盟式办学，基础教育集团学生达 5.3 万人，占全区基础教育公办学校的 40%、学生总人数的 55%。集团化办学充分发挥名校的辐射作用、加速扩充优质资源、促进教育改革创新，是推动南山教育均衡发展、探索现代教育规律的试验。2017 年，南山区荣获"广东省促进义务教育均衡发展先进集体"。

在教育投入方面，南山区注重"三个倾斜"：向新建学校、向城中村学校和等级评估学校三类学校的倾斜教育投入，不断缩小这三类学校与传统优势学校的差距，推进教育均衡发展。对新建学校，执行经费一次到位的政策，确保新校在起点上均衡；对由于历史原因在教育资源配置上欠账的城中村学校，加大了经费拨款力度，提高了其配置水平；对参加等级评估的学校，拨付专项经费，确保其等级达标。

2009 年 11 月 7 日，南山区被评为全国推进义务教育均衡发展先进地区。2017 年南山区教育财政预算经费达到 54 亿元。按照适度超前原则，高标准新建、改扩建前海三小、留仙学校、前海二小、深圳湾小学等中小学校，新增公办义务教育阶段学位 7000 个。2017 年，南山新建学校 7 所为全深圳之最，占全市新建学校近 1/3。

为实现教育资源的均衡，南山区加强师资队伍建设，在人才引进、校长配备、师资调配、教师培训、职称待遇等各方面，向新建学校、城中村老校倾斜，并通过巡回讲学、挂职锻炼、对口帮扶等方式支持这些学校的建设，有力促进了不同学校之间的师资均衡。

2017 年南山区新增幼儿园 17 所，增加学位约 6300 个。三年学前教育经费总投入达 7.2 亿元，全区幼儿园专任教师学历达标率 100%，南山共有幼儿园 201 所，公办园 6 所，民办园 195 所，在园幼儿 50285 人，教职工 8454 人，其中普惠性幼儿园达 155 所，公益普惠性幼儿园比例在全市率先达到 80%。

2017 年，南山区获评首批"全国责任督学挂牌督导创新区"，并以全省第一名成绩通过认定研发"责任督学挂牌督导工作平台"，通过教育部认定并向全国推广，在全市率先成立区政府教育督导委员会。2017 年 6 月，南山获教育部第一批教育信息化"优秀试点区"。

2017 年，全区高考重点上线率为 38.74%，高出全市 13.12 个百分点；本科上线率达到 91.32%，高出全市 28.81 个百分点，南山高考学子 100% 上大学，各项均排名全市第一。

（四）完善商业配套

高度发达的商业圈是一个城市经济发达的标志之一。而建设一批适应不同档次消费群体的商业圈，让不同需求的居民都能满足生活所需的小区商业，让城市更加温馨，属于社会治理的范畴。

深圳市提出了 15 分钟生活圈的概念。南山区已建成了以海岸城为核心的商业文化中心区商圈、南油片区商圈、蛇口商圈、学府路商圈、西丽片区商圈等，汇集了世界著名的公司如沃尔玛、家乐福、人人乐、曼哈等，以及中国著名的商家如茂业百货、海雅百货、天虹、万佳、好百年、新一佳等。多层次的商圈给南山居民带来了更多的购物便利。

蛇口商圈的海上世界，是深圳著名的夜生活地标，拥有一批特色酒吧品牌，如初见缘、香栀、致盛酒吧、D Club、麦考利爱尔兰酒吧等，也是深圳最早的泡吧之地。海岸城商圈，由海岸城、天利名城、保利文化广场三合一而成，现已经成为南山区的商业地标。海岸城商圈的特色便是"吃"，坐拥多家深圳人气餐厅，占据深圳美食圈的"半壁江山"。深圳湾商圈，沿着深圳湾 15 公里滨海休闲带，有华侨城欢乐海岸、京基百纳广场、海岸城、宝能 all city、海上世界 5 个大型商业体。欢乐海岸，总占地面积 125 万平方米，融会主题商业、时尚娱乐、生态旅游、商务度假等多元业态，项目紧邻深圳湾超级总部基地、星级酒店群、高级生活住宅区。

形式多样、琳琅满目的便利店遍布大街小巷，充满生机和活力的营商模式给辖区居民提供了更丰富的生活用品，使南山成为深圳商业旺区。

（五）建设平安南山

安全是人类的基本需求。在社会经济飞速发展的背景下，南山区在反恐维稳、基层治理、社会治安和警务运作等方面面临着新形势、新挑战。城市建设日新月异，信息社会、动态治安的基础环境发生较大变化。实有人口基数庞大，倒挂严重，流动频繁的总体态势仍将延续，人财物海量流动加剧了治安管控压力。新型犯罪、高科技犯罪层出不穷。如何为流动人口提供安全的居住环境？流动人口的权益如何依法保护？深圳市该如何在确保社会和谐稳定的同时促进社会融入？如何为他们提供人性化的服务，以利于保持深圳市、南山区社会经济的可持续发展？

为此，南山区从 2005 年就提出了建设"平安南山"的口号，攻坚克难，有力地维护了南山社会政治和治安稳定。2017 年南山治安、两抢、两盗警情同比分别下降 23.9%、41.8%、36.8%。

1. 编制发布"平安南山指数"

为有效地推动南山社会治安的良治和善治，保障辖区社会经济大局稳定，深圳市南山区从 2014 年开始，开展平安指数的编制及发布工作。指数从安全现状、安全治理、公众评价入手，以提高群众安全感、满意度为出发点和落脚点，以维护社会稳定为核心，客观评价南山城区和各街道治安综合治理现状，通过定期发布"指数"，形成齐抓共管的工作导向，推动南山平安建设，推动辖区社会治安持续好转。指数体系由主观评价和客观指标组成，设置了打击、防范、管理、控制、建设、民调 6 项内容 28 项指标，运用当前成熟的综合评价指数编制方法——功效系数法编制而成。

为有效推进指数编制工作，南山区建立了 4 项工作机制：①建立科学客观的数据来源机制，数据来源涉及公安、法院、检察院、信访局等 9 家单位，数据采样以社区为单元，以街道为采集集合；②建立了科学合理的治安现状评估机制，平安现状项目权重占比

90%；③建立科学有效的治安治理评估机制，平安治理权重占比40%，内容包括犯罪控制力度、群防群治等4项内容16项指标；④建立真实全面的民意评价机制，公众评价项目权重占比30%，由第三方机构深圳大学通过电话问卷、路面问卷、上户问卷等获取群众安全感、满意度的数据。指数体系按照月度、季度的形式正式发布，并通过媒体向社会发布相关数据。

指数全面客观地反映全区及各街道社会治安治理现状和群众安全感满意度，为政府决策提供理论依据和数据支撑，实现社会治安综合治理多部门齐抓共管的目标导向，发挥出综合治理"指挥棒"、安全系数"晴雨表"、指挥决策"数据库"三大功能，推进辖区社会治安持续好转。

2. 清除违章乱搭建，消除治安死角

在这方面最有代表性的事件是2004年深圳市开展以拆除乱搭建为重点的市容环境整治"梳理行动"。其时深圳人口已突破1200万人，大量的流动人口流入深圳，形成了住房和就业的巨大需求，催生了违法乱建的高速增长，城乡接合部，特别是大量的违法建筑，成了违法犯罪分子易于聚居的场所。

2003年，深圳面临着严峻的治安形势。那一年全深圳市抢夺和抢劫案件就达38000多宗。南山也未能置身事外，当时的南山深受治安问题的困扰。当时一位署名"老党员"的南山市民向时任市长李鸿忠寄了一封投诉信，这样描述他居住的南山区月亮湾片区："店铺扩建到人行道上，汽车停上绿化带，荔枝林里搭起了窝棚……这里四处乱搭乱建，似乎是破坛子烂罐子破碎的地方，治安混乱，形势严峻，建议政府应该立即采取行动，把月亮湾变成深圳真正的后花园。"

以此为契机，深圳及南山展开了规模庞大的"梳理行动"。在短短 4 个多月的时间里，全市组织各部门、驻深解放军、武警、公安边防部队，广泛发动群众，共拆除违法乱建 3500 多万平方米，劝离在违法乱搭乱建建筑物里居住和工作的人员达 100 多万人。特别对城中村、水源保护区范围内的环境脏乱差问题和无证经营场所进行了有效整治，大大改善了深圳的治安状况和市容环境，为后来深圳社会经济的繁荣发展打下了坚实的基础。

3. 推行跨部门网上办案

为解决执法机关办案不规范、不公正等问题，执法监督不到位问题，使办案更公开透明，执法办案效率得以提升，拓展执法监督的手段和渠道，南山区推行政法机关跨部门网上办案，整合自有信息资源，促使整体信息化科技水平得以提升，实现办公、办案现代化。

通过建设网上平台实现跨部门协同办案。2012 年 11 月，深圳市被确定为全国政法机关跨部门网上办案试点城市。一年后，深圳首先在南山区的公、检、法三家单位试运行"跨部门网上办案平台"，开展刑事案件诉讼类业务，实现三家单位之间审查逮捕、刑事公诉等 11 类刑事诉讼业务协同，以及刑事立案从立案、侦查、批捕到起诉、审判、执行等工作的全网流转和协同办案。

通过探索推动远程视频提审系统实现司法公正。早在 2011 年，南山区检察院推动远程视频提审系统建设，在院内与南山区看守所分别设立远程视频提审室。之后，南山区法院相继运行远程视频庭审系统，实现政法机关跨部门网上办案的基础框架。远程视频庭审模式突破传统庭审模式的空间局限，将公诉人、庭审法院从以往的路上往返、等候开庭等环节中解脱出来，减少法警押解被告人的时间，大大提高诉讼效率；同时避免因案件积压而延长被告人羁押时间情形的出现，从而保证被告人的合法权益，体现司法公正。

4. 流动人口信息采集

面对数量庞大且流动性快速的流动人口，如何提高对他们的信息采集的准确率，为社会治安防范提供有效的依据，是世界课题。南山区在实践中积极摸索，提出了精细化管理的理念，把城区划分为网格，每格500户，1000人左右，设立网格员负责流动人口信息采集工作。在这个过程中，南山区充分利用物业管理公司完善的管理优势，加强对居住人口信息的采集，以及建立楼栋长制度，共有9504个楼栋长，并建立了8个楼栋长联合会，发挥居民自治的优势，体现社会共治，多渠道、多层面做好实有房屋和实有人口信息采集工作。特别是强力推行居住登记自主申报制度，提高业主自主申报流动人口信息的自觉性。

◇◇ 三　构建和谐社区

随着社会主义市场经济的不断发展，社会分工日益细化，社会群体呈现出多样化和流动快的特点，各种社会矛盾冲突也随之出现，在深圳、南山尤为突出，前面章节已有阐述。化解社会群体内矛盾，营造和谐社会主义社会是社会治理的主要目标之一。在构建和谐社会中的实践中，南山区作出了有益的探索和尝试。

（一）"来了就是深圳人"

"来了就是深圳人"这句简单纯朴的口号，表达着居住在这个城市里的人们内心一种深深的对归属感的呼唤，也代表着深圳的包容性和移民城市的独特气质。深圳的原住民很少，现在的深圳人口很多，在这座经济迅速崛起、社会快速变化的、没有方言的城市里，谁能称为深圳人？来深圳时间长的？有房子的？有工作单位的？成功的？还是有户籍的？这些问题从深圳经济特区成立的那天起就一直困扰着深圳居民，认同自己是深圳人，还是被认同为深圳人成为所有来深工作生活的居民共同关注的问题。

"来了就是深圳人"是深圳十大观念之一。深圳"被人们一致认为是能够实现'光荣和梦想的地方'。当人们带着简单的行李和美好的梦想，口中念着'深圳，我来了'来到这座珠江三角洲东岸的海滨城市时，会赫然发现：这里没人打听自己的来历，没人在意自己的出身，当然，这里也没有包办代替，没有坐享其成和免费的午餐"①。深圳是一个浓缩了的中国。毫不夸张地讲，在深圳 10 个人的聚会，口音就有可能涉及 10 个省。不过，尽管大家讲的是南腔北调，可丝毫不妨碍信息与心灵上的沟通。

"来了就是深圳人"，除了带给深圳人成就感和归宿感，也同样蕴含了一种自豪感。这是因为，这句热情、好客、开放的话语里，既有一种对初到者不分南北东西、不问英雄出处的含义，还可以直接理解为："在深圳，来了都是主人"。既然是这座城市的主人，那么你就必须要用心意、用行动去爱这个城市，以这座城市为荣为傲。目前，深圳是全国义工最多的城市，达 125 万人；是志愿援助贫困地区义工和教师最多的城市；是义务献血最多的城市，基本满足医疗用血。这是因为每一个深圳人都拥有这座城市的基因——包容、理解、互助、和谐、超越阶层、跨越领域、超越信仰和贫富贵贱。

---

① 王京生主编：《深圳十大观念》，深圳报业集团出版社 2011 年版，第 324 页。

"来了就是深圳人"是一个沉甸甸的承诺。2008 年 8 月 1 日，是一个值得所有深圳人纪念的日子，该日宣告了深圳人身份证明《深圳经济特区暂住证规定》的废止，延续了整整 25 年的暂住证正式退出历史舞台，代之而起的是居住证，从而翻开了人口管理的新篇章，给"来了就是深圳人"赋予了时代的意义。

综合深圳市政府公告公布的各项规定，在深圳人可享受的种种福利中，有多项非深户人口也可享：在深圳享受异地办理身份证、护照和港澳通行证；可以积分入深户享受户籍人口的所有福利[①]；可领取职业培训补贴，一年可申请一次，均可按照不同工种、不同职业资格领取 1750—6400 元的职业培训补贴[②]；可享受民办学校学位补贴，鼓励就读民办学校，小学、初中分别可达每人每年 5000 元和 6000 元[③]；可享受儿童健康成长补贴，对所有学前适龄儿童每年补贴 1500 元，最多可申请 3 次。[④] 可享受高温补贴（33℃以上高温，不含 33℃）每人每月 150 元[⑤]；自主创业补贴，包括创业场租补贴（三年分别为每月 1000 元、800 元和 600 元），以及首次创业一次性补贴 5000 元[⑥]；留学人员创业补贴，根据不同情形分别可获取 50 万、25 万和 15 万元补贴；对参加社会保险超过 1 年的生育人员，可在市社保局申请生育医疗费用报销，在参保单位可以申请生育津贴。[⑦] 以上非户籍人口的福利，让"来了就是深圳人"口号真正落到实处，让居

---

① https：//www. szjzz. gov. cn/index（深圳经济特区居住证服务平台）。
② 深圳社保网，www. shenzhen. chashebao. com。
③ 深圳市教育局官方网站，http：//www. szeb. edu. cn。
④ 同上。
⑤ 深圳社保网，www. shenzhen. chashebao. com。
⑥ 深圳市人力资源和社会保障局网站，www. szhrss. gov. cn。
⑦ 深圳社保网，www. shenzhen. chashebao. com。

民真正享受到作为市民应当享有的权益。

（二）和谐社区建设行动计划

在深圳社会和谐建设中，南山作出了突出的探索和尝试。为贯彻落实中共中央关于构建社会主义和谐社会的决定，针对南山处于"黄金发展期"和"矛盾凸显期"的经济社会形势特点，2006年南山区委区政府经过充分调研，作出了集中三年，举全区之力开展"和谐社区建设年"的决策部署，连续三年以区委一号文、开年第一会的形式，全力推动和谐社区建设，全区上下以社区为单元，掀起了新一轮和谐社区建设的热潮，成为中国化解群体矛盾，促进社会和谐的先行者。

1. 确立和谐社区创建目标

和谐社区创建目标概括为"六好、十无、两满意"，即努力建设一个"班子好、自治好、风尚好、邻里好、环境好、治安好"的平安和谐社区，形成人人关心、人人参与、人人支持、人人热爱、人人享有的安全、团结、幸福、和谐的大家园。"十无"，即楼栋无矛盾、邻里无纠纷、群众无上访、小区无火灾、校园无违法、青年无吸毒、卫生无死角、生产无事故、交通无违章、居民无邪教。"两满意"，即社会各界满意和居民群众满意。经过努力，到2009年，90%以上的社区建成"六好、十无、两满意"的平安和谐社区。

为此，南山区建立了一套完整的制度体系，即"1+6"文件框架，"1"就是以2007年区委一号文件为总纲，"6"就是6个实施配套文件，从而确立了和谐社区建设的总方向和落实的措施。同时探索并完善了和谐社区建设的行之有效的运行机制，如以"携手共建和谐社区十百千万行动"和"和谐企业工作室"为代表的共建机制；以"人大代表社区联络工作站"为代表的政社互动机制等。为了科学评价和谐社区创建成果，还制定并不断完善了"和谐社区建设评价体系"，包括18项一级指标、51项二级指标、103项三级指标，评分标准达253项，并分为主客观两大部分。实现了和谐社区建设从组织动员到制度规范的转变。

南山区首先整合了执政资源和力量，在南山区委区政府的主导下强力推动和谐社区建设，共建和谐成为工作的主要目标。2007年1月18日，便成立了南山区"和谐社区建设年"工作领导小组，下设办公室，简称"和谐办"，为日常工作机构。负责和谐社区建设各项工作的组织、协调、监督和检查，开始了一场旷日持久的和谐社区建设。各职能部门均把和谐社区建设纳入年度工作计划，与本部门履职有机结合起来，作为绩效考核的主要内容。

在社区层面，作为创建和谐社区的主要阵地，驻区单位、社会组织、社会各界和居民群众，充分发挥各自的资源优势，秉承"共驻共建共享"的理念，成为和谐社区建设的倡议者、实践者和受益者，创造性地形成了资源互补型、多元共治型、关爱互助型、共融共享型、合作共商型等行之有效的创建模式。结合南山作为中国改革开放的前沿阵地，社区分化突出、社会结构复杂、利益主体多元和民主意识较强的特点，注重为广大居民搭建不同的民意表达和民主参与平台，推进了"六个一工程"，使和谐社区建设成为居民融合、消除陌生感的载体。一是强化社区党组织一个核心，充分发挥党员、公职人员服务居民、代表民意、引领风尚的作用；二是培植树立一批社会组织典型，发挥其组织居民，推动自治，促进和谐的作用；三是激活一批热爱社区事业的居民，发挥他们在和谐社区建设中主人翁作用；四是构建一个覆盖不同行业、层面的利益诉求平台，畅通民意表达渠道，包括居委会、人大代表、社区联络工作站、业委会、民主恳谈会等；五是建立健全一套完善的制度保障体系，努力构建充满活力的社区居民自治机制，包括居民议事会制度、党群联席会议制度、居民听证会制度等；六是努力营造一个民主文明和谐的政治生态环境，培育居民有序参与社区事务的公共精神。

2015 年以来南山区共有 86 个社区达到了"六好十无两满意"的创建标准，占全部社区的 90%，圆满完成了创建任务，创立了"党政主导、多元共治、全民参与、携手共赢"的和谐社区建设"南山模式"，有一批创新成果得到了推广和提升，成为中国和谐社会建设的典型经验。如创新人大代表履职机制的人大代表社区联络站，和"一格三员"精细化的社会管理经验，在若干年后得到了中央肯定并在全国推广。"社会建设标准体系"以及"和谐社会建设发展指数"成为中国各地推进和谐社区建设的蓝本。通过和谐社区建设三年行动计划，使南山居民对构建和谐社会形成了共识，主人翁精神进一步彰显，基层基础进一步夯实，政府威信进一步提高，党员干部的能力进一步提升，体现了共驻、共建、共享、共赢的目标。

2. 创建和谐社会示范区

和谐社区建设三年行动计划如期实现，在进一步总结和谐社区建设的基础上，2010 年南山区进一步提出"创建和谐社会示范区"，将建设"平安、文明、民主、廉洁、宜居、幸福"的中国特色社会主义和谐社会示范区作为南山区的城区定位之一。具体目标是：推动经济社会协调发展，社会物质基础更加雄厚；推进基层党建工作区域化，党组织的战斗堡垒作用和党员的先锋模范作用更加突出；发展基层民主，居民自治参与更加广泛；完善民生事业服务体系，居民的幸福感更加增强；提高公共管理的精细化、网格化、人性化水平，社会管理更加科学；建设普遍适用的信息管理环境，治理手段更加先进；促进传统文化和特区精神的传承融合，社会风尚更加文明；推动人与自然和谐发展，生态环境更加优良。力促治安案件、群众投诉、矛盾纠纷、安全隐患明显下降，社会各界和居民满意度明显提升。和谐社会示范区的建设直接推动了"一核多元"社区治理模式的发展成熟，成为南山区社会治理的代名词而享誉中国。

争创和谐社会示范区主要措施包括：一是构建基层党建新格局，推动以提高执政能力为目标的社会组织体系建设，提升广大党员促进社会发展的凝聚力、影响力和引领力。二是拓宽基层民主渠道，推动以民主法治为基础的充满活力的社会治理体系建设。扩大居民参与，进一步培育居民的公共精神。三是更加重视民计民生，推动以公平正义为核心的公共服务体系建设，使居民实现"十个在家门口"：即在家门口就能享受到祥和环境、就业低保、医疗保障、读书交流、娱乐健身、个性服务、邻里亲情、张扬个性、诉求表达和便利交通。四是着力推进精细化管理，推动以安定有序为导向的社会管理体系建设。建立标准化、信息化、网格化的社会管理体系，完善诉求表达、利益协调、矛盾调处、权益保障工作机制，健全科学高效的管理网络，打造法治型、智慧型、公共服务型政府。五是增强社会文化软实力，推动以诚信友爱为内核的和谐文化体系建设。把传承中华民族优良文化传统，与发扬特区与时俱进的时代精神有机结合起来，推动文化繁荣发展，为和谐社会建设提供强大的精神动力和文化支撑。六是建设宜居、环保、低碳的生态城区，推动人与自然和谐相处为特征的社会生态文明体系建设。大力发展生态产业、生态人居、生态文化体系建设，推动区域经济社会与环境协调发展。

为强化和谐社会示范区工作保障，南山区率先在广东省正式成立了区委直接领导下的"南山区和谐社会建设工作委员会"，下设办公室（简称"和谐办"），作为委员会常设执行机构，事业单位建制，定编15人，负责南山区社会建设顶层设计、重大项目的统筹协调、热点问题跟踪研究、典型经验的培植推广和对社会建设工作的指导监督5项职能。后更名为"社会建设工作部"，成为广东省成立社工委的范本。区政府加大财政投入，把和谐社会示范区建设作为重中之重的工作，统筹基层基础、固本强基、民计民生等项目经费，做到财政预算和专项经费相结合，重点向人口密集社区、困难群体聚集社区、基础设施建设薄弱社区倾斜，促进社区平衡发展，尽力消除地域和阶层享受公共服务质量的不均衡状况。突出抓好体制内外两种资源整合，形成工作合力。区属部门、街道办事处、社区"三位一体"主体推进，突出部门的规划作用、街道的主体作用和社区的平台作用。建立完善和谐社会建设奖励机制，进一步调动社区各类组织、驻社区单位、居民的积极性，聚民智，借民力，全面提升和谐社会建设的工作水平。

（三）实现社区和谐的途径

市场经济的快速发展，加速了社会的分化，带来社会群体间差距拉大，社会的不平等，出现阶层分化、利益分化、观念分化。社会分化是社会经济快速发展的必然结果，对社会经济发展具有积极的意义；但是社会分化加剧导致失衡，会给社会安定带来危害，不利经济的发展。控制社会分化，增进社会包容，保证社会安全就成了社会治理的目标之一。

1. 弘扬社会公平正义

公平正义是人类追求美好社会的永恒主题，也是社会发展进步的价值取向。弘扬公平正义是抑制社会分化消极影响的重要途径。

经过30多年的发展，一部分人先富了起来，但社会成员的幸福感并没有与财富的增长成正比。如果说改革开放前的经济社会更加注重公平而忽略了效率的话，改革开放之后随着效率的提升社会公平问题更值得注意。

弘扬公平正义首先要完善法制，把依法治国理政的理念推广到基层治理的全过程。政府、社会组织、经济组织等各种利益主体和居民个人，在相互平等的基础上，就公共事务集体协商、实现共赢。党和政府的基层组织及负责人要敢于和善于放下身段，走向群众，听民意、聚民智。

基层治理要公开透明，接受群众监督。公平正义是动员和凝聚社会力量，增强社会团结的旗帜。要逐步建立以权利公平、机会公平、规则公平为主要内容的保障体系，努力营造公平的社会环境，保障人民平等参与、平等发展的权利。

2. 建设包容型社区

2000年，联合国人居署提出了包容性城市的概念，强调城市发展在经济、社会、治理、文化和空间等领域的均衡与统一，强调城市发展过程中公平与效率的内在一致，强调城市不同主体发展权利的均等性，解决城市特别是全球性大都市由于快速发展带来的社会"碎片化"问题。

南山区在推进包容社会建设中大胆创新：一是统筹推进民生事业改革创新。鼓励和加快社会事业改革创新，全面提升城市包容发展水平，努力提供多样化服务，更好满足居民需求。出台将符合规定条件的外来务工人员逐步纳入住房保障体系的政策措施。二是完善基本公共服务体系。遵循"保基本、兜底线、促公平"原则，统筹考虑新常态下经济增长、财政收支、民生需求的新情况新变化，积极推进常住人口基本公共服务均等化。同时建立健全以居住证为载体的基本公共服务机制。南山区 2017 年实现 20 件民生实事，为九大类民生项目支出了 196.7 亿元，让居民享受到实实在在的实惠。三是建立公共服务政策和项目公众评议机制。有序引导居民参与重大公共服务政策和项目实施情况的听证、咨询和论证。拓宽非户籍居民有序参与渠道，通过网络收集、意见反馈、广泛讨论等形式，提高居民参与度，充分保障居民的知情权、参与权、表达权和监督权。四是积极营造包容文化氛围。把开放、包容作为深圳居民共同的价值观念和文化追求，大力弘扬"来了就是深圳人"的观念，增进不同地域、不同民族、不同信仰人士之间的交流、交往、交融。更加重视培育包容文化，完善宽容发展机制和容错机制，鼓励创新创业，全方位展示深圳这座全世界最大的移民城市开放、包容的气质，凝聚共识，团结拼搏，推动社会经济发展。

3. 推进多元共治局面的形成

经过 30 多年的改革开放，中国所有制形式多元化、利益主体多元化、思想文化多元化，已经成为一种新常态，而深圳表现得尤为突出。传统的政府一元化社会管理方式已不再适合时宜，既存在政府管不了和管不好的问题，也有各种利益主体民主意识、参与意识的提升的客观存在。

党的十八大提出，要建立起"党委领导、政府负责、社会协同、公众参与、法治保障"的社会治理体制。要改变党和政府在基层治理中唱独角戏的现象，推进服务型政府建设。南山的做法是：一是树立

"小政府大社会"的治理理念。简政放权，除涉及法定行政主体必须由政府职能部门承担外，其他管理和服务事项均可由社会力量承担。让那些政府管不了、管不好的事项由更专业的社会主体承接，政府作为规则的制定者和维护者。二是进一步培育、规范和引导社会组织参与基层治理。依法引进基金会、公益创投、社会企业等，发挥它们在行业、地域和专业上的优势，弥补政府的不足。三是积极撬动社会资源参与社会治理。通过购买服务和补助等方式推进教育、医疗、养老、文体等公共服务领域投融资体制改革。四是搭建平台，畅通渠道，为社会不同人群有序、有效参与社会基层治理提供便利，切实保障居民作为基层治理主人翁作用的充分发挥。

第 五 章

"一核多元"的社区治理模式

进入21世纪,适应社会发展的需要,基层治理在经济社会发展和社会治理中地位更加突出。南山区在和谐社会示范区建设的过程中,创造性地探索出了"一核多元"的社区治理模式,为全国基层治理提供了具有示范意义的成功经验。

◇ 一 "一核多元"治理模式产生的背景

国家治理体系和治理能力现代化的重要支点是基层治理的现代化。社区治理是基层治理的落脚点。南山区在实际管理的人口规模随着经济的快速发展不断扩大,社区管理任务繁重,管理人员严重不足的情况下,探索出"一核多元"的社区治理模式,实现基层治理体系和治理能力的现代化。

"一核"即"一个领导核心"——以社区内中国共产党组织为领导核心;"多元"即"多元主体共治",主要包括居民委员会、社区工作站、社区党群服务中心、社会自治组织、物业管理公司、驻区单位等社会主体。多元治理主体的重要职责是:居委会负责社区自治事务，社区工作站承接政府行政管理事务，社区党群服务中心承担社区公共服务，各类社区组织、物业管理公司、驻区单位等多元主体共同参与社区治理。"一核多元"治理模式，通过政府有序治理、社会自我管理、居民民主自治的多元治理架构，形成了定位清晰、各司其职、功能互补、共治共享的多元治理结构。

（一）社区治理任务繁重

从 1990 年开始，深圳市规定要求 500—700 户设置一个居民委员会。居民委员会是居民自治组织，实行"自我管理、自我服务、自我教育和自我监督"。居委会主要工作包括：维护居民的合法权益；办理公共事务和公益事业；调解民间纠纷；协助维护社会治安；协助区政府或它的派出机关，做好与居民利益有关的民政、卫生、妇女、计划生育、市政管理、青少年教育等工作。由于当时南山区人口不多，社会事业也比较简单，每个居委会配备 3—5 个工作人员，全区只有91 名社区工作者。

从 20 世纪 90 年代以来的 20 多年里，南山区的各社区人口规模和经济总量呈爆炸性增长。1990 年，南山区管辖 5 个街道办事处，下辖 26 个村民委员会和 7 个居民委员会，常住人口 18.5 万人，其中户籍人口只有 5.9 万人，GDP 只有 78.6 亿元人民币，人均 4.2 万元人民币；到 2003 年，随着经济社会发展，南山区已经设立了 8 个街道办事处，下辖 80 个社区居民委员会，常住人口 81.1 万人，其中户籍人口 21.9 万人，平均每个社区 1 万人，GDP 为 828.5 亿元人民币，人均 10.2 万元。按照广东省设立街道办事处的标准：特大城市中心城区常住人口一般 4.5 万人以上，中心城区管辖范围一般在 2.5 平方公里以上，城乡接合部地区管理范围 3 平方公里以上，即可设立街道办事处。到了 2017 年，南山区各街道办事处各项指标远超于此，南山区 8 个办事处平均管理常住人口达 16.9 万人，实际管理人口更是高达 27.5 万人；南山辖区面积平均达 23.1 平方公里，分别是标准的 3.75 倍和 9.24 倍。其中，南山粤海街道办事处管理人口达 50 多万人，相当于发达国家一个中等城市的人口规模。

随着社区人口的增长和经济的发展，各种行政事务、社会事务日益繁重，原有的居委会工作体制和有限的工作人员已无法承担日益艰巨和复杂的工作任务。2017 年，南山的 8 个街道下辖 101 个社区，105 个居民委员会，实有管理人口 220 万人，其中常住人口 135.63 万人、户籍人口 94 万人，平均每个社区实际管理人口达 2 万人，有部分社区人口超过 6 万人，相当于一个小城市人口规模。全区 GDP 超4000 亿元人民币，平均每个社区 GDP 超过 40 亿元人民币。

南山区从 2005 年开始探索社区行政事务和社区自治事务适当分离，推行"居站分设"，设立社区工作站，作为街道办事处在社区的工作平台，承担政府的行政职能，社区居委会则主要承担居民自治职能。在此后很长一段时间里，"居站分设"理顺了政府管理和居民自治的职能，满足了社区治理的发展需要。

随着政府工作重心的进一步下移，政府职能部门的大量工作越来越多地需要依靠社区才能完成，最终使社区工作站成为承接区政府几乎所有事务的平台，以及考核的基本单位。"社区党建、社区管理、公共服务、社区自治"作为四位一体的工作体系，包含着 100 多项工作任务和 10 多项考核事项。由于社区人口的急剧增长而致使社区工作人员承受着巨大的工作压力。压力一方面来自工作量增加、工作难度提高，以及人手短缺的客观因素；另一方面则来自僵化的管理体制以及工作人员素质跟不上时代步伐的主观因素。

（二）可资利用的社会治理资源

随着市场经济的不断发展，大量的社会治理资源在基层社区聚集。大量的高新科技企业扎根南山，南山区高新科技产业日新月异的迅猛发展。截至 2017 年，在南山辖区注册企业达 33.5 万多家，高新技术人才聚集在蛇口工业区（招商蛇口）、深圳大学、大学城、华侨城集团、高新技术产业园区、广东省自由贸易试验区前海蛇口片区、后海商务中心区、深圳湾超级总部基地、留仙洞战略性新兴产业基地等。有超过 10 万高新科技人才在南山安居乐业。产业优势和人才优势在南山凸显，是南山社会治理最优秀的治理资源之一。随着大量的"单位人"变成了"社会人"，随着居民生活水平的提高，志愿服务蔚然成风，采用各种形式助人为乐、回馈社会的冲动日益高涨，截至 2017 年，全区志愿者人数达 13 万名。

社会形态、社会结构的急剧变化使传统社区治理模式严重不适应，主要特点是治理资源的分散化，一方面，出现了大量新生的社会社区治理资源，另一方面政府及在社区的派出治理主体缺乏可资使用的治理资源。在这种情况下，社区工作者掌握着社区的行政资源，而社区居委会掌握着社区自治的相关资源，大量驻区单位、企业则掌握着比政府划拨给社区的资源多得多的人力资源、财力资源和物力资源。如有些高档社区，具有完善的生活、娱乐配套服务设施，包括会所、停车场、健身房、文化活动室、篮球场、乒乓球场、游泳池等，还有优质的管家服务，这是基层政府难以满足的，同时也不能由基层政府和社区工作者所掌握和利用；又如南山有许多世界 500 强和中国

500强企业，它们拥有实现美好生活的现代技术和优秀的人才队伍，但它们又归各企业所有，政府在基层治理中能否调动它们参与治理的积极性，这些都是关系到社会治理现代化能否实现的重大课题。

（三）居民参与意识强

短短30多年的时间里，深圳从一个边陲小镇发展成世界瞩目的现代化都市，开放、民主、自由、文明是它的城市特质。改革开放带来的不仅仅是社会物质生活的变化，更带来了人们精神世界的变化，开放、民主、自由、文明的思想观念成为主流。南山区作为深圳高科技企业最为密集的区域，有一大批年轻的高科技人才在这里工作和生活。南山是深圳最年轻、最富有、知识文化水平最高的区域。

深圳毗邻香港，特别是南山与香港之间有一桥相连，两地居民交往紧密，许多南山居民在香港置业发展，也有许多香港居民在南山工作生活，特别是深（深圳）港（香港）现代服务业合作区的建设，大批香港人正在进入南山工作生活，港式生活方式和理念对南山居民的影响与日俱增。自深圳建市以来，南山作为特区、湾区和自由贸易区，在发展外向型经济方面，吸引了来自全世界的眼光，每年超过10万名外国友人来南山洽谈业务，开展合作交流；南山还是深圳的旅游基地，每年超过500万人次的中外人士来南山观光旅游；还有2万多名外籍人士在南山居住，他们崇尚民主自由的理念给南山带来了很大的影响。

这些因素，随着南山社会经济的发展，不断地放大和加强，促使居民的民主自治意识和自由观念不断提高。由于他们自身素质高，民主意识强，更善于利用法律的、科技的手段去表达诉求，维护自身权

益，处理问题的能力有时比政府工作人员更强、更专业、更容易获得
居民的赞同。

（四）社会组织蓬勃发展

2004 年，深圳市就启动了社会组织管理体制改革，不断简化登
记程序，为社会组织发展创造了条件。此后又将直接登记范围扩大到
公益慈善类、社会福利类和社会服务类等 8 类社会组织，在放宽准入
条件、跨区域组建等 16 个方面取得新突破。在南山区级和街道层面
均建立了社会组织孵化基地，目前全区备案社会组织达到 1961 家，
每万人社会组织超过 10 个。2007 年，南山区面向全国招聘了 100 名
社工，从而掀开了深圳市引进专业社工参与社区服务的序幕，目前，
每万人持证社工人数为 5 人，社会组织已经成为南山社会治理的主力
军。全区 101 个社区党群服务中心全部购买社工机构运营。社会组织
的蓬勃发展和基层治理观念的变化，提高了居民参与社会治理的组织
化程度。

从建市以来，深圳市政府不断地加强基层民主建设，引导居民有
序参与社会事务，其中发挥好社会组织的作用是一个重点。社会组织
在基层民主自治建设中的作用十分突出，深圳从 20 世纪 90 年代与全
国同步不断推进基层自治、基层民主选举，主要是居民委员会直选。
深圳的基层民主选举也是从南山开始的，深圳第一家民主选举是蛇口
工业区直选公司领导。到 2005 年南山区已有 47% 的居委会通过居民
直接选举产生，到目前，这一比例已经提到高了 100%。在基层民主
选举中，深圳、南山最主要的经验就是以各种社会组织为依托搭建各
种参与平台，让各类组织在居民有序政治参与、社会事务参与以及民

主选举中发挥积极稳健的作用，同时通过民主选举、政治参与、社会参与进一步提升和优化居民民主自治的意识。

（五）社区党员的管理问题

中国共产党在中国长期执政，是中国的唯一的执政党。中国共产党通过遍及中国各地各个层级的大量的党组织以及 8000 多万名党员在中国社会各个方面发挥着组织领导作用以及示范引领作用，这是当代中国社会的一大特征。在基层治理中中国共产党基层组织和党员组织领导作用对于中国社会的良性平稳的运行发展具有重要意义。同时，随着改革开放，随着中国社会的法治变迁，如何在新时代条件下，继续发挥好中国共产党各级基层组织和广大党员的积极作用则是一个新的时代课题。

在南山区的社区居民中，有着大量的中共党员居民，包括在职工作的党员；两新组织，即新经济组织和新社会组织中的党员；离退休的党员三大类。21 世纪初，深圳普遍出现了一种新情况："两新"组织中的党组织自成体系，未纳入社区党委管理；离退休党员离开了原就职单位居住在社区，这部分离退休党员游离于党组织之外，缺乏相应的活动阵地和合适的组织方式；还有一部分流动性高的党员，如来深务工人员中的党员、企业家中的党员；更为尴尬的是随子女来深圳生活的所谓"候鸟式党员"，他们大约秋冬季来深圳居住，夏季离开，这部分"候鸟式党员"由于组织关系不在深圳，很难参加党组织活动。

随着深圳和南山的大发展，大量的中共党员汇入新社区。2006年，南山辖区共有 910 个党组织 15346 名中共党员，至 2017 年则达到了 2452 个党组织和 53528 名党员。如何发挥共产党员在社区建设中的先锋模范作用是必须考虑的问题。建立健全社区的党组织，进一步整合各种社会资源，形成基层治理的合力，从而实现在中国共产党领导下的各种积极力量团结合作，成为实现社会治理体系和治理能力现代化的重要保障。

◇ 二 "一核多元"社区治理模式

自南山建区以来，一直在探索基层治理的科学模式，并注意在改革中保持系统的稳定性和可持续性。"一核多元"的社区治理模式大致经过 3 个阶段逐步形成。第一阶段，是 1990 年南山区建立初期实施"街居制"，即确定居委会是基层社会管理和服务的主体，由居委会全面负责社区的管理工作。第二阶段，2005 年南山区实行"居站分设"制，实施"议行分设"，在居委会之外新建了社区工作站。社区工作站在一定程度上是区政府及街道的派出机构，实行委托制管理模式，社区工作站负责社区行政事务。原有的居委会负责居民自治，直接代表居民利益，居委会主任由居民直接选出。第三阶段，以 2006 年南山区招商街道党工委在花果山社区成立党委为标志，"一核多元"社区党建模式初步形成。所谓"一核"，即以社区党组织为核心，通过各级各类中国共产党组织以及活动渗透到社区各类社会主体中，发挥政治领导、组织领导、思想引领作用，同时将社区各类社会主体纳入社区管理和服务范畴，在社区治理实践中实现多元互动、多方参与、共建共享的新格局。这一基层治理创新，得到深圳市委的肯定和推广。2010 年，南山区在全面总结建区以来社会治理经验教训的基础上，结合创建和谐社会示范区，正式提出"一核多元"社区治理模式的概念。

（一）"一核"——社区党委

"一核多元"社区治理模式，首先是以社区党委为核心。中国共产党是中国的执政党。基层党组织建设是中国共产党社会治理的重要组成部分。党的十八大提出了建设学习型、服务型、创新型政党的重大战略任务，并强调要"以服务群众、做群众工作为主要任务，加强基层服务型党组织建设"。社区党组织作为基层党组织，其重要的职能是服务社会、服务群众、服务党员。社区党员在社区治理及社区服务方面可以发挥先锋和模范作用。

创建"一核多元"社区治理模式，核心理念是通过社区党组织发挥领导核心作用，将社区的各种利益主体和社会组织纳入管理和服务的范围，整合资源，在引领基层民主、推进社区自治、维护群众权益和关心民计民生等方面推动和谐社区建设。

"一核"即社区党组织，是社区各类组织和各项工作的领导核心，具有以下5项功能。

一是政治领导功能。体现在对基层重大事项进行最终决策上，如社区规划、社区规章、社区事业等；体现在对各类组织的统筹、协调上，打破封闭、多元各自为政的状态，实现体制内外的资源整合、党员与居民作用的共同发挥；体现在对自治组织开展自治活动的引导上，推进居民民主参与、民主决策、民主监督和民主评议，使基层民主自治有序开展。

二是利益协调功能。面对经济社会转型时期出现的下岗失业、贫富分化、阶层分化和城乡二元结构等问题，基层党组织能够充分调动政治的、经济的、文化的各种手段，使不同的利益诉求能得到合理的表达，能通过整合资源，多元共治，使各种矛盾和问题得到合理解决，从而促进社会持续稳定和谐发展。

三是服务凝聚功能。市场经济条件下，执政党的凝聚力、吸引力和感召力来自为群众提供看得见、摸得着的物质和精神财富，这是执政党赢得民心的基础性工作。南山区在基层治理中，强力推动的"携手共建和谐社区十百千万行动"就是一个生动的实践活动，即树立推广十类社区组织典型，进行宣传推广；号召百名党员和公职人员竞选居民委员会和业主委员会委员，服务社区群众；动员上千名党员和公职人员竞选楼栋长；发展上万名义工。要求党员回到居住地登记，亮身份、树形象、起作用，引领社会风尚。开展"携手共建和谐社区十百千万行动"以来，南山共有36000多名党员回到了居住的社区登记，9420人次竞选担任了居委会和业委会委员，16169人次担任了楼栋长，全区义工达13万人。2011年第26届世界大学生夏季运动会在深圳召开，南山作为主要的赛区，组建了20万名志愿者参加运动会的辅助工作。每年为南山居民办实事好事超过50万件次。让广大党员、公职人员参与社区治理多了一个平台，为居民服务多了一条渠道和一种形式。此做法被评为广东省"固本强基创新成果奖"和"深圳经济特区成立三十周年基层党建经典案例"。

四是资源整合功能。通过区域统筹，打破原来的系统、行业、职能界限，积极运作社区存量资源，探索建立区域内跨系统、跨行业的组织网格，将体制内的组织资源嵌入体制外的社区，代表民意、整合利益、引领社会。以社区共同需求、共同利益、共同目标为纽带，充分发挥党组织资源对激活、配置、优化社会资源的积极性，进一步挖掘和盘活社会性、区域性公共资源和多元主体拥有的资源，形成组织资源与社会资源的良性互动，放大资源存量和增量，形成资源共享。如南山沙河街道光华街成立了社区党委，将华侨城集团的1000多平方米的活动场地整合为社区文化活动中心，使原来只供少数企业职工活动的场地向全体社区居民开放，受益群众达到20000多人。从2007年开始，南山区逐步将学校的运动场地向辖区居民开放，满足了居民活动的需要，提高了资源使用率，方便了居民，赢得了民心。

五是文化导向功能。南山作为中国改革开放的前沿地带，社区居民来自五湖四海，源自不同阶层，具有不同文化背景、宗教信仰，表现出较强的异质性。在基层治理中，基层党组织要通过文化引导，加强社会主义核心价值观教育，倡导科学健康的生活方式，培养社区治理主体的社会责任意识、公益意识、互助意识、奉献意识和参与社会事务的意识，从而把社区建设成为一个弥合阶层分化、促进人人平等的生活空间；成为解决纠纷，促进社会矛盾有序化解的整合空间；成为弘扬传统文化，促进现代文明形成的文化空间。南山区在构建社会建设标准体系中，明确提出了"以邻里和睦为内核，编织'文明网'，推进以邻里和睦为载体的社区文化体系建设"。

（二）"多元"——多元主体共治

"一核多元"中的"多元"意为"多元主体共治"。多元主体分担社区治理中的多方责任：居委会负责社区自治事务，社区工作站承接政府行政管理事务，社区党群服务中心承担社区公共服务，各类社区组织、物业管理公司、驻区单位等多元主体共同参与社区治理。

1. 社区居民委员会

中国《城市居民委员会组织法》规定，社区居民委员会是居民实行自我管理、自我教育、自我服务的基层群众性自治组织。但是，在现实生活中，居民委员会长期承担着大量发文件、填表格、各种检查评比等政府机构的职能，作为自治组织的功能被弱化。在深圳市，流动人口是户籍人口的 4 倍，流动人口最多的宝安区多达 9 倍。按照有关管理制度流动人口游离于居民委员会和业主委员会之外，使流动人口无法享受居民的权益，也不利于对流动人口的管理。

南山区 2005 年开始实行"居站分设"，居民委员会与社区工作站分设，居民委员会回归居民自治组织的定位，社区工作站负责社区行政事务。

作为基层群众性自治组织的社区居民委员会，协助区政府及街道办事处在社区开展工作，负责组织居民开展便民利民、自助互助和志愿服务、群防群治和调解民间纠纷、制定居民公约、收集意见建议等自治活动。

一是优化成员结构。通过"直选"，吸收社区社会组织、业主委员会、物业管理公司、楼栋长等代表为居委会成员。可设置专职副主任和居务专干。进一步健全居委会下属的人民调解、治安保卫、公共卫生等委员会。探索来深建设者在居住地参加居民委员会选举的方式，条件具备的社区，可按一定的比例，让非深圳户籍的来深建设者选举成为居民委员会委员。

二是强化居民自治。切实履行好"服务、议事、枢纽、监督"职能，健全居民会议、居务公开制度，鼓励人人参与。建立邻里互助小组、居民兴趣小组、社区专业人才队伍、志愿者（义工）队伍、楼栋长队伍。有效引导社区居民，尤其是中青年居民和来深建设者，自发成立广场舞蹈、摄影协会、车友自驾游、驴友俱乐部、慈善会等各种兴趣小组、志愿组织，共同参与社区建设。支持社会组织和社区志愿者参与社区管理和服务，积极培育社区服务性、公益性、互助性社会组织。居委会成员每年要定期向社区居民（代表）大会作述职报告。

三是完善居民议事会。健全和谐理事会、民意恳谈会、居民议事厅相关议事制度，开辟民主听证、网上论坛等渠道，选任热爱社区公共事务、具有议事能力的社区各方人士参加居民议事会，扩大非户籍居民的参与率。可根据社区实际，引进或创设新型居民议事规则，变"为民做主"为"由民做主"，鼓励居民有序讨论、自主解决各种社区公共事务。

社区居民委员会与社区工作站、社区党群服务中心是监督与被监督的关系。社区居民委员会，在社区党委的领导下，组织居民对社区工作站、社区党群服务中心的管理服务工作进行民主监督和评议，定期不定期听取社区工作站、社区党群服务中心的工作述职报告；收集居民对社区管理服务的意见和建议，向社区工作站、社区党群服务中心反馈并跟踪落实情况，确保为居民提供更加精细化的管理和人性化的服务。

2. 社区工作站

社区工作站负责社区行政事务，主要履行基层政府派驻社区机构的职责。南山发布了《社区工作者管理体系改革实施意见（试行）》《社区工作者管理暂行办法》等文件，明确规定社区工作者由街道办事处聘用，区政府财政资金供给薪酬；由机构编制部门确定全区社区工作者总员额及各街道工作者员额；民政部门建立在岗人员登记备案名册，实现员额到人；各街道与社区工作者签订聘用合同，实行劳动合同管理，并委托区人力资源部门统一管理档案。

社区工作站是南山区政府在社区的主要工作平台。社区工作站协助区政府、区职能部门及街道办事处在社区开展工作，负责公共卫生和社区教育，负责社区综合管理、社区安全、人口和计生、社会保障和社会事务、社区法制事务和环境保护等工作任务。街道办事处还要根据管辖区域与户数适当、界线清楚、区域相对集中、资源配置相对合理、功能相对齐全的原则，依法调整过小或过大的社区工作站规模，有效实现社区重组。随着人口、业态发展而增加工作量的社区，一般采用项目购买的形式解决社区管理和服务的问题。争取和动员驻辖区企事业单位等提供场地、设施、资金、人力等支持资源。建立一支由社工师、社工员、康复师、护理师、心理咨询师等组成的专业人才队伍，发展壮大社区志愿者（义工）队伍，形成"社工＋义工"的服务模式。

社区工作站实行颇有特色的"一窗通"服务模式，每年制定年度民生实施项目，维护社区健康医疗服务中心、社区学校、社区养老助残等服务设施，推进基本公共服务均等化，在就业、教育、医疗、环境、安全等重点领域实现责任全覆盖。

社区工作站还要在政府基本供给兜底的基础上，鼓励社会力量参与本社区的教育、医疗、文化、养老等社会事业建设，实现政府购买服务、志愿者服务和市场化有偿服务相结合，打造"一刻钟生活服务圈"，提供不同的服务内容，满足社区居民的多元化、个性化需求。采取整体招标、专项购买、单项外包等方式，鼓励社区居委会、物业管理公司、社会组织运营或承包社区民生服务项目，鼓励连锁运营、跨社区运营和联合运营；社区工作站设立"来深建设者服务中心""外国人社区服务中心"，强化对外来务工创业人员服务。

社区工作站内设工作站站长、站长助理、一级社区助理员、二级社区助理员等岗位层级，社区工作站站长与居民委员会主任素质具备的可以交叉任职，鼓励站长助理竞选社区党委（总支）专职副书记、居民委员会专职副主任。新录用社区工作者采取公开招考等方式，进一步优化年龄、知识、专业结构。可采取设置法制岗位，或聘请法律顾问等方式，加强社区依法治理力量。

与社区工作站工作相配套，南山进一步细化社会基层管理，推行社区网格化管理。网格化是在社区内部进行网格细分，按照住宅型、商业型、企业型、工地型、混合型和单位型等六大功能特点，将每个社区划分成若干网格。网格区域内实行"格长"负责制，通过"网格＋格长"，将工作人员沉到基层，强化社区末梢治理。

3. 社区党群服务中心

在社区工作站之外设立一个引入社会组织参与社区管理服务平台——社区党群服务中心（原名社区服务中心）。根据2011年《深圳市社区服务中心设置运营标准》规定，社区服务中心是提供社区服务的综合平台。社区服务中心由社会组织中标运营，负责政府资助或购买的社区助老、助残、优抚人员、特定人群、妇女儿童及家庭、社区青少年等基础公共服务，以及居民社区融合、社区慈善、社区志愿等居民自助互助服务和便民利民的社区商业服务。

社区党群服务中心的运营主体为具有独立法人资格的社会组织，服务项目以政府招投标购买服务的形式下放社区的项目为主，运营经费主要来源于政府购买或资助。采用项目化运作模式为社区老人、青少年、妇女、儿童、残疾人、优抚安置对象、特困人员、矫正人员等群体提供一站式、个性化、专业性社会服务。运营团队以专业社工为骨干，一般要求配置6名以上全职工作人员，其中注册社工应占60%

以上。形成"政府主导、社会参与、民间运作"的社会化社区服务运行机制。

通过培育扶持社会组织和购买服务，充分发挥社会力量在社会治理中的作用，政府从"花钱养人"转变为"花钱买服务"。南山区现有购买社工组织运营社区党群服务中心101个。蛇口街道深圳湾社区在不增设社区工作站、不增加工作人员的情况下，采取"一平台一中心"社区治理模式，将156项不涉及法定主体责任的社区事务整合为信息采集、纠纷调处等五大项工作，以项目委托、购买服务的方式交由专业社工机构、社会组织实施，而涉及行政审批和行政执法共20项由街道承接。招商街道全面导入社会化服务，"政府放权民间接棒"，每年向社会组织购买服务经费超过1000万元。社区党群服务中心的设立最大限度地整合了社会资源，最为直接的作用就是解决了中国基层治理中长期存在的"老大难"问题——基层缺乏工作人员或聘用人员超标，减轻了基层政权的工作负担。

4. 社区社会组织

深圳的社会组织有两种类型，一类是在民政部门登记的社会组织①，另一类是在街道办事处备案的社区社会组织。社区社会组织是民间自发组织，由社区组织或个人在社区（镇、街道）范围内单独或联合举办、在社区范围内开展活动、满足社区居民不同需求。

2017年，南山区在民政部门登记的社会组织有713家，在街道办事处备案的社区社会组织有1248多家。社区社会组织根据居民的兴趣爱好和需求，采取奖励、资助等方式，将社区居民组织起来、动员起来、凝聚起来，形成强大的社区治理力量。

---

① 在民政部门登记的社会组织，由公民自愿组成，包括从事非营利活动的社会团体、民办非企业单位和利用社会捐赠的财产从事公益事业的基金会三大类。

社区社会组织主要负责开展志愿者服务、公益服务、文体服务和社区自治活动。①进一步孵化培育新社会组织。依托区社会组织总会和区社区组织孵化园、街道社会组织服务中心、社区社会组织联合会等各级孵化网络，培育行业协会、公益慈善、社区服务类等专业社会组织。根据居民的兴趣爱好和需求，采取奖励、资助等方式，大力扶持各类社区草根组织，从而通过社会再组织，将社区居民组织起来、动员起来、凝聚起来，形成强大的社区治理力量。②探索成立"社区基金会"。南山区试点各社区辖区内的企事业单位、热心公益事业人士和社区社会组织，合作成立社区基金会，利用自然人、法人和其他组织捐赠的财产，或依托公募基金会、非公募基金会等更多社会资源，为社区公益慈善事业提供资金资助或从事社区慈善公益服务，促进居民自治。③进一步激发社会组织活力。南山区建立了社会组织等级评估制度，对获得3A、4A以上评估等级，以及运营社区服务中心获得四星以上等级的社会组织给予一定的扶持和奖励。鼓励社会组织创新，研究出台创新型社会项目、社会产品和社会组织的认定和奖励相关办法，通过举办"社会创新大赛"等方式，评选一批优秀社会组织、优秀社会服务项目。

2014年12月，89位生活或工作在蛇口的社区居民，自发每人捐资1000元，创建了"蛇口社区基金"。2015年，蛇口社区基金正式向有关部门提出申请，注册成立南山区首家社区基金会。蛇口社区基金会定位于社区公益平台的角色，积极整合各方资源，以资助为主要形式，支持公益项目和活动，培育多元化的社区组织、志愿者团队、社会企业等，并致力于向蛇口引进成熟的公益理念、组织及模式。蛇口基金会希望与所有蛇口人共同努力，营造最适合文明和文化成长的社区公共空间。

5. 业主委员会

业主委员会是城市的重要群众自治组织，直接为维护城市居民拥有安全、便利、良好的居住环境服务。业主委员会由业主选举产生，代表业主利益，负责维护全体业主在物业方面的合法权益，是业主有序参与和自我管理服务的重要平台。1991 年 3 月，深圳万科物业率先在深圳"天景花园"推行由业主参与小区物业管理的"共管式"模式，并成立了中国国内第一家"业主管理委员会"。

1994 年 3 月 23 日，建设部发布《城市新建住宅小区管理办法》第 33 号令，明确"住宅小区应当成立住宅小区管理委员会"，并同时赋予管委会四项权利和义务。

随着住房商品化的发展，房屋成为人们重要的家庭财产，人们对房屋财产的使用、管理、维护和保值提出了更高的要求，业主的利益观念和维权意识也越来越高，由此引发的居民之间的纠纷也随着住宅区的扩大和人口的增长呈上升之势。

南山区现有住宅小区 890 个，依法成立的业委会共 365 个。针对物业小区矛盾纠纷频发问题，南山区委政法委牵头推进小区业委会运行机制改革，制定了《物业小区业委会运行体制机制改革运行方案》，积极打造"1 + 3"治理模式，即以党建为引领，社区工作站、小区业委会和物业服务企业三方联动，推动业主委员会、业主大会依法开展工作，自觉接受社区居民委员会指导和监督。建立健全社区党组织、居民委员会、业主委员会和物业管理公司协调机制，及时协调解决物业服务纠纷，维护各方合法权益。最大限度化解小区物业矛盾纠纷，努力实现小区"共建、共治、共赢"格局。召开业主大会、业主委员会会议等应当告知所在居民委员会，并听取其意见。优化业主委员会成员结构成员，鼓励党员、公职人员竞选业主委员会成员，鼓励居民委员会与业主委员会成员交叉任职。

南山区住房和建设局建立了人民调解体系，在全区 8 个街道办事处设立 8 个调解点，共派遣 8 名专职律师驻点，专门负责有关物业管理、业主委员会引起的纠纷调解等工作。制定《南山区物业服务企业退出物业服务项目的指导意见》《南山区物业服务项目应急物业服务企业预选库管理办法》及《南山区应急物业服务奖励办法》，使南山区物业管理项目在发生物业服务企业退出时有规可依，促使新老物业服务企业规范、有序交接。

◇ 三 多姿多彩的南山社区生活

"一核多元"的社区治理模式，在扩大基层民主、推进基层工作机制创新等方面取得新突破，有效提高了公共管理科学化水平，形成了完善的社区公共服务体系；社区综合党委核心作用得到了充分的发挥，党员队伍增强了生机活力；社区各种资源得到整合，实现了社区"多元共驻共治共享"的和谐局面。

（一）积极发挥共产党组织的社会引领作用

"一核多元"社区治理模式实施后，全区各级党组织和广大党员充分发挥模范带动作用，受到了社会各界的普遍欢迎。

在"一核多元"社区治理模式下，形成了一个"综合党委 + 兼职委员"的区域统筹组织模式；打造了一支上下联动的党员工作队伍，开展"五进社区"活动，联系服务群众；搭建了一批集约利用的阵地平台，党代表工作室、来深建设者服务中心、社区服务中心覆盖全区；建立完善了一套科学有效的工作机制，携手建设和谐社区"十百千万行动"等长效机制受到基层党员群众欢迎。政治上风清气正，党群联系进一步密切。南山各级党组织和广大党员，为民服务创先争优，每年走访慰问群众上万人次，办好事实事1万余件。

维护稳定是处于转型期的中国社会的重要社会治理目标。"一核多元"社区治理模式形成了一套"多元互动"的基层维护稳定的长效机制，形成了一套以党组织为核心、以党建为纽带、以法治为框架、以居民议事会为平台、以社区管理和服务为抓手、以社区多元互动和利益均衡为目的的基层内生创稳长效机制，初步实现了社会治理从运动式维稳，向制度性创稳的转变。

"一核多元"模式在南山解决了社会管理、社会服务"最后一公里"的难题。长期以来在中国基层治理中各种资源、各种举措最后的落实，一直存在所谓"最后一公里"问题，即管理终端的实施效果问题，大量的资源被消耗在各种管理环节上。"一核多元"模式使社会投入资源和各种服务举措进入到管理的终端和实际社会生活之中。在这方面遍布各个社区的党代表工作室解决了党群、干群、政群联系难的问题；来深建设者服务中心，破解了来深人员管理服务难的问题；和谐企业工作室，破解了和谐劳资关系构建难的问题；等等。

针对信息化社会、互联网时代对党建工作的新要求，从2013年起南山区结合区情党情实际，运用"互联网＋"思维和技术推进"智慧问政"的党群舆情直通体系。首先，建立了区委"书记信箱"与8个街道党工委"书记信箱"群，收集群众来信，通过后台数据统计、分析归类、整合评估，实现回复率和办结率100％。其次，建立网络党代表工作室，提供在线预约党代表和社情民意办理情况查询服务。最后，打造"南山先锋网"党员门户网站，通过网络渠道收集民意、呼应民情，形成"智慧互动"，促进党群交流体系。

（二）"和谐企业工作室"发挥社区的黏合润滑作用

"和谐企业工作室"是南山建在大型工业园区或企业密集型社区的工作平台，主要功能是发挥党建核心作用带动工青妇等群团组织建设，整合政府和社会资源服务企业、劳动者和园区，建立有效机制防范和化解各类劳资纠纷，构建和谐劳动关系，为企业和劳动者提供全方位服务。"和谐企业工作室"将非公经济组织建设、基层和谐社区建设、劳资纠纷司法调解以及工会群团组织建设等融为一体，有效化解了大量劳资矛盾，促进了辖区经济的社会发展和社会稳定。

2008年2月，南山区桃源街道红花岭工业园区成立了全国第一个"和谐企业工作室"。红花岭工业区，有各类企业160家，涵盖计算机、电子、通信、生物、制药、新材料等多种产业，员工达25000人。这里2007年发生劳资纠纷375起。"和谐企业工作室"的建立有效地缓解了劳资纠纷。2008年下降到127起，2010年下降到61起，2011年下降到37起，调解成功率达95%以上。桃源街道通过建立"和谐企业工作室"、法律援助求助中心等，惠及工业园区10多万外来劳务工。2011年红花岭工业园区获得"全国模范劳动关系和谐工业园区"[①] 称号。

---

① 由人力资源和社会保障部、中华全国总工会、中国企业联合会/中国企业家协会、中华全国工商业联合会联合设立的奖项。参见《关于表彰全国模范劳动关系和谐企业与工业园区的决定》，《工人日报》2011年8月17日。

在红花岭工业园区"和谐企业工作室"稳定运行和不断完善的基础上，南山区相继出台了《关于推进"和谐企业工作室"建设 构建和谐工业园区的通知》《关于落实"和谐企业工作室"建设工作项目的实施方案》《关于实施宜居南山社会管理与服务系统工程的意见》等指导性文件，对"和谐企业工作室"的建设标准进行规范。其核心内容是：按照有工作场地、有专职人员、有工作平台、有活动载体、有制度机制，发挥作用长效化等"五有一化"的建设要求，在超过150家规模以上企业的社区和100家规模以上企业的工业园区，建立"和谐企业工作室"。截至2015年年底"和谐企业工作室"在超过150家规模以上企业的社区和100家规模以上企业的工业园区，共成立34家，配备专职工会副主席39名。

"和谐企业工作室"主要职能有：①化解劳资矛盾。这也是最基本最核心的职能。及时掌握劳资关系和劳工权益保障情况，使企业的管理和劳工权益保障保持在政府的监控之内。按照"一室三员"设党建联络员、工会组建员和矛盾调解员，建立街道、社区和企业"三级"矛盾纠纷调处网络，形成街道工会、信访和企业三方代表组成的对话协商机制。②体现人文关怀。实现党和政府的各项职能与企业有机衔接。整合政府社会力量，完善社会公益设施，建立"职工之家""青工之家"、青工图书馆和健身路径，为员工提供便利、舒适的学习、交流、锻炼、休闲场所。通过开展"员工爱企业、企业爱员工""社区大讲堂""法律进园区""文化进园区"等丰富多彩的和谐企业创建活动，满足企业员工多种生活娱乐需求，使广大外来劳务工融入城市、快乐工作、幸福生活，增强认同感、归属感和家园意识。同时吸引他们积极参与和谐园区建设，以实际行动回馈社会。③在规模以上企业普遍建立党组织，通过社区党建把流动和零散的党员纳入党的组织体系。在工业园区开展"十百千万行动",以党建为龙头带动工、青、妇等组织建设,使所有企业员工都有自己的组织归属和公共生活,通过这些组织和群体活动,把企业员工组织起来,形成一种向心力和凝聚力,保持党和人民群众紧密联系。

南山区不断赋予"和谐企业工作室"新的内涵。在阳光工业区,将"和谐企业工作室"、文体活动室和计生文化宣教室等"多室合一",更关注外来务工人员的合法权益;高新园区是白领聚集之地,在"和谐企业工作室"引入了"心灵援助计划",十分关注园区白领的心理健康。目前南山的"和谐企业工作室"覆盖了含150家以上企业的社区和含100家以上企业的工业园区,实现了"有工作场所、有专职人员、有工作平台、有活动载体、有制度机制,发挥作用长效化"。

南山区的工会组织积极配合"和谐企业工作室"的工作。全区101个社区全部建立了工会联合会。通过充分结合南山产业优势及区域特点,在科技信息人才资源密集的粤海、西丽街道所辖高新园区成立全市首个跨街道的区域性工会联合会,覆盖企业7675家、职工45万余人。在商务中心区、高端写字楼密集地区,组建了海岸东楼、天利中央广场、港湾创业大厦等多家楼宇工会联合会。全区各级工会共排查企业1500多家,化解纠纷隐患60多宗,多方联动参与协调劳动关系矛盾,2017年1月至11月共处理劳资纠纷600宗,为职工挽回经济损失6000多万元。

（三）"簕杜鹃"计划关爱儿童

簕杜鹃,为深圳市的市花,生长于特区,开满城市的每一个角落。儿童是祖国的花朵，深圳的儿童、南山的儿童是深圳、南山的花朵，代表着深圳与南山的未来。2013 年南山区用深圳的市花命名本区的关爱儿童的社会公益活动——"簕杜鹃"计划。"簕杜鹃"计划实现了从面向单亲特困儿童到全体儿童的全覆盖，成为凝聚爱心人士的平台和南山公益活动的知名品牌。

"伊人公益讲堂"是南山"簕杜鹃"计划的一项重要活动。"伊人公益讲堂"依托区妇女儿童活动中心，开设文体艺术、生活主题、技能培训三大类共十余项培训课程，2016 年共培训儿童 2000 余人次。讲堂所属的"梦想舞蹈团"送课下基层活动全年共开展 816 节课，服务儿童 55000 人次。

"簕杜鹃"计划高度关注儿童安全教育。以"安全第一，平安你我"为主题的系列安全教育展是"簕杜鹃"计划中的特色活动，针对南山区的儿童开展交通、消防、用电、电梯、防震知识和技能方面的宣传与培训，通过各种活动吸引学校、幼儿园孩子们的目光，让孩子们在形象直观的宣传中获得对安全的理解与感悟，增强安全意识。

（四）"爱心驿站"搭建社区慈善平台

王海是南山松坪山社区的困难党员，自从社区创建"爱心驿站"后，逢年过节，他都能收到爱心慰问品和慰问金。结婚当天，"爱心驿站"还组织社区居民前往祝贺。在"爱心驿站"的感召下，他和社区其他 60 多名接受帮助的困难人员一起，也加入到了爱心传播的行列中，成为社区睦邻关爱、自助互助的重要力量。

南山蔚蓝海岸社区老党员陈一鸣，2009 年脑中风后偏瘫。

社区党支部书记陈润滋得知后，组织社区"爱心驿站"关爱服务队轮流照顾，搀扶他做康复、散步，陪他聊天。如今，陈老不仅能下地走路了，还和"爱心驿站"服务队的成员们结下了深厚的情谊。

南山区社区专门关注服务社会困难群体的"爱心驿站"最早出现在蛇口街道的雷岭社区和粤海街道的蔚蓝海岸社区。雷岭社区为关心辖区内困难群体，在政府资源不足的情况下，创建了"爱心驿站"，积极发动辖区企业、商家和爱心居民捐赠日常生活用品，发给社区亟需帮助的下岗失业人员、困难家庭。

蔚蓝海岸社区是一个现代化高档居住小区，为拉近邻里友谊，打造"温馨人文"的品牌小区，社区党总支牵头社区工作站、居委会、警务室、物管公司、业委会、老协、义工组织等八大主体，联合建立"四有"关爱服务队，下设四个小组，分别与"四有"即"喜事有祝贺、矛盾有调解、病困有慰问、故去有送行"相对应，开展社区关爱互助活动。

通过建立"爱心驿站"和"四有"关爱服务队，两个社区有力地促进本社区成员之间物质与精神的交流沟通，拉近了邻里感情，融洽了居民关系，成为新时期体现邻里关爱的和谐阵地。

经过创建，南山全区共成立松坪山、蔚蓝海岸、文竹园、雷岭、四海、海湾等68个社区"爱心驿站"，社区"小小爱心"活动消除了邻里间的"陌生"和"冷淡"，已经成为新时期政府"关爱行动"的有益补充。"爱心驿站"的设立，使社区各类帮困助弱活动蔚然成风，社区的"小爱心"成就了社会的"大和谐"。

南山"爱心驿站"既有共同的理念和宗旨，同时又按照"一社一策"的要求不断丰富"爱心驿站"具体内涵：如海滨社区以"爱心驿站"为基础，成立了深圳市首家社区社会组织联盟，统筹管理社区的各类队伍，以"火车头""同心结"效应，推动民间"草根组织"协同共治，搭建关爱互助的社区服务平台；京光社区"爱心驿站"以关爱社区残障儿童为主要内容，社区建立了不以营利为目的的民办社会福利机构——星光特殊儿童康复中心，照顾和关爱自闭症、智力低下等残障儿童；田厦社区"爱心驿站"积极搭建社区就业信息平台，帮助下岗人员再就业；蛇口街道各社区"爱心驿站"以传统文化为契机，打造极具特色的"姊妹节""开丁节""老人节""社员节"等节日，大力开展形式多样的"睦邻点"活动，既活跃了社区文化，又融洽了邻里感情，增强了社区居民的归属感等。

如今，"爱心驿站"在南山各个社区普遍设立，通过社会慈善事业和社区公共服务的有机结合，在贫富之间和邻里之间搭建起爱心传递的桥梁，形成了"喜事有祝贺、矛盾有调解、病困有慰问、心灵有抚慰、故去有送行""五有"服务理念，融洽了邻里关系。在"爱心驿站"爱心、活力的引领下，南山上千个社会组织主动参与社区服务，成为南山公共服务体系的重要组成部分。如今，居民在家门口就能享受到就业、学习、医疗、救助、关爱、健身、休闲等个性化服务。

（五）"巾帼牵手行动"维护妇女权益

"巾帼牵手行动"是南山区妇联在2007年发起的一项维护发展妇女权益的爱心工程，目的是发挥人力、物力、智力等方面的资源优势，以灵活多样的形式开展妇孺帮扶活动，搭建起帮扶特困家庭的关爱平台，达到改善贫困母亲、儿童生存发展环境的目的。南山区"巾帼文明岗"创建发展至今，已拥有国家级"巾帼文明岗"4个，省级"巾帼文明岗"27个，市级"巾帼文明岗"47个，区级"巾帼文明岗"98个。

为确保"巾帼牵手行动"扎实有效开展，南山区妇联成立了"巾帼牵手行动"工作领导小组，由区妇联主席担任组长，指定专人负责具体工作；建立完善帮扶工作机制，形成以"巾帼牵手行动"工作领导小组为主干，各街道妇联、各机关妇委会为分支的"巾帼牵手行动"工作网络。区妇联统筹协调各相关部门，以街道为单位，以一人一表、一社区一册、一街道一汇总的形式，在全区开展摸底调查并造册登记，摸清全区困境儿童的数量、分布以及存在问题，将其细分为单亲、特困等种类，并根据他们的基本生活、教育学习、心理情感、行为和安全等多种状况，确定帮扶对象，使帮扶助困活动更具针对性。建立对受助对象实行跟踪联系制度，定期对各牵手单位的帮扶活动开展情况进行跟踪管理，对个别没有开展帮扶活动和开展活动不积极的牵手单位及时更换调整，确保帮扶活动的延续性并取得实效，使帮扶活动制度化、常态化。

关爱困境儿童是社会的共同责任，也是构建和谐社会的重要组成部分。区妇联采取有力措施，加大宣传力度，主动向有关领导请示汇报，向社会广泛宣传救助帮扶困境儿童的深远意义，通过介绍困境儿童的基本情况、召开项目推进会、经验交流会、媒体宣传等多种形式开展宣传活动，让援助行动扩大影响，牵动和凝聚人心，以获得各级部门及社会各界的理解、支持与赞助。由于宣传到位，南山社会各界积极参与"巾帼牵手活动"，深圳市汇宗药业科技有限公司、深圳市招商国旅有限公司等爱心企业、"家道亲子"协会等民间组织及多个爱心家庭主动加入这一行动。区直多个部门的主要负责同志也参与并带领本单位的同志上门慰问受助儿童，各单位也把这项活动作为参与和谐社区建设的主要抓手，形成了良好的互动格局。

在开展"巾帼牵手行动"过程中，对困境儿童进行"五了解"（吃、穿、住房、读书、医疗），做到"六必访"（逢年过节、开学前、寒暑假、生病住院、学习困难、特殊情况）。各牵手帮扶的相关单位针对困境儿童的实际困难，制订相应的帮扶计划，为困境儿童家庭提供医疗救治、残疾康复、学习辅导、家庭教育等帮扶。

"巾帼牵手行动"以购买服务、项目合作的方式凝聚同类型同领域的社会组织共同开展服务，并积极引导妇儿类社会组织充分发挥社团自身的特点和优势，在服务内容上与妇联工作紧密结合，为妇女儿童和家庭提供服务。如同澎柏艺术中心合作开展少儿艺术公益培训项目，同深圳市妇女儿童心理健康服务中心合作开展妇女儿童之家、社会组织服务基地项目，联合善乐社工服务社开展"四季缘舞曲"公益交友活动，联合49度大榕树服务社开展"智慧花道"等培训。

"巾帼牵手行动"开展以来，至2016年，全区共有126个"巾帼文明岗"及爱心单位帮扶了228名困境儿童，累计开展帮扶活动2621次，捐出文具、图书、衣服等16010件。在全社会营造了扶贫助困的良好社会风尚和关心青少年健康成长的良好社会氛围，推动了更多的爱心家庭和社会力量为特困家庭做好事、办实事、解难事，唱响了和谐南山"爱"的主旋律。"巾帼牵手行动"在南山已形成品牌效应，众多企事业单位、社会团体、家庭等纷纷加入了帮困助弱行列，建立起了长效帮扶机制，"巾帼牵手行动"已成为一张和谐南山、幸福南山的公益名片。

（六）"关爱老人、共同守望"助老服务的新模式

敬老、助老是中华民族传统美德。深圳南山区积极探索社会助老服务，在2014年全面启动"关爱老人、共同守望"爱心助老志愿服务项目，以服务辖区困难老年群众老有所依的基本需求为目标，积极构建政府主导、社会参与，真正形成了居家养老为基础、社区帮扶为依托、志愿服务为补充的助老服务模式。

南山区助老志愿者协会是南山敬老助老的重要工作平台。南山区助老志愿者协会将南山区西丽、沙河、前海、南头、蛇口等主要街道和社区划为七大片区，建立18个助老服务小组，每个小组根据所在片区老人分布情况分为不同的小分队，分别负责所属老人的助老服务。此外，还与南山区慢病院、北京十方缘心灵呵护中心、南山区乐龄研究中心、南山区老年体育协会、深圳慈海医院等单位组织密切合作，互相交流学习，成立"关爱老人共同守望"日常服务项目，积极同相关单位组织开展结核病宣传、健康快车、党员关爱独居老人、关注罕见病、为老人举办生日会等众多活动。

（七）"来深建设者服务中心"：外来务工者之家

来深建设者刘女士是个清洁工，丈夫是公交车司机，两人因为工作和生活极其忙碌，孩子放学后难以照看。她听说所住的白石洲片区的"来深建设者服务中心"，有"四点半学校"，可以签订安全责任书，安排社工照看，还有来自深大的学生义工帮助孩子辅导功课。刘女士把两个孩子送了过去，孩子们非常开心，

这让她放了心。除了面向孩子们的托管服务，白石洲片区的来深建设者还可以享受到就业、技能培训、看病就医、文体活动等8大类"一站式服务"。

改革开放以来，广大来深建设者为深圳发展做出了巨大贡献，但受户籍身份等限制，城乡及区域之间基本公共服务失衡，导致城市"二元"结构分离。为此，在"一核多元"社区治理模式下，南山区成立了"来深建设者服务中心"，向来深建设者提供均等化的基本公共服务，推动社会和谐共建共融。

"来深建设者中心"以"同城市、同管理、同参与、同服务、同待遇"的"五同"为理念，以破解城市"二元"结构及实有人口一体化服务管理为重点，以实现共驻共建、共融共享，让广大来深建设者享受城市均等化服务为目标，全力打造为外来人员服务的"三平台"：党建服务管理平台、民意双向互动平台和公共服务综合平台；同时建立四个主要的服务场所——服务来深建设者"四阵地"：文体活动阵地、文化交流阵地、义工服务阵地、来深建设者子女成长阵地。此外，南山区还利用南山区的社区教育中心、社区调解中心、法律援助中心、救助帮扶中心和心理援助中心，为外来人员提供零距离、全方位公共服务。在社区通过发动和依靠来深建设者，使其作为综合服务基地管理和服务的主要力量。2013年至2017年，白石洲片区的"来深建设者服务中心"共成立了25支外来人口专业服务队，开展自主服务活动128场，服务人群达到8560多人次，深受居民欢迎。在全区开展市容环境"里子工程"行动中，该片区近4000名来深建设者参与社区的环境整治、社区美化、文明劝导等志愿服务，创建了文明祥和的社区环境。

（八）"社区家园网"助力社区治理网络化

如今，"互联网＋"概念已深入中国城市的社会生活，通过互联网获取信息，了解民情民意，已成为新的社会条件下社区服务的重要基础。南山区发挥社区虚拟参与平台的对外宣传和信息交流作用，结合互联网发展，扩大公众参与，传播正能量。为此，南山区建立了"社区家园网"，"社区家园网"有社区论坛、小区论坛、网络问政、网上信访，以及小区（社区）QQ群、政务微博、公众微信等信息化平台，面向社会，面向市民，宣传社区形象，介绍各类政务、宣传教育、服务信息、重要事项和社区动态，加强民政互动，提高信息沟通，促进交流融合。通过"社区家园网"居民可以便捷地网上办事、获取及时的新闻信息资讯网络信息。更为重要的是，通过"社区家园网"广大居民可以就共同关心的问题进行讨论，提出建议，也可以通过网络平台直接获取相应的服务。南山全区101个社区已经全部建立了"社区家园网"，覆盖人口200多万人。

（九）推进国际化治理与服务

深圳以及南山区已经成为国际化大都会。随着改革开放，逐步融入国际社会，南山区在中国传统的较为封闭社会的基础上，逐渐建立起相应的国际化的社会治理、社区管理和服务体系。

建立国际化治理首先需要国际化的管理、服务人才。南山注意就地取材，充分挖掘南山本地具有涉外工作能力的人才，同时注意吸纳部分国内其他地方优秀外管人才或国际化人才。南山首先在蛇口建立外管工作人才库，为外管工作和蛇口国际化建设提供人才保障。开展外管工作队伍的语言、文化、礼仪等方面的培训，建立常态化的外管工作技能学习培训和对外交流合作机制的外籍居民的民主评议制度。

为活跃涉外社区居民的业余生活，南山区通过新建、租赁或改造现有场馆的方式，采取社会投资、公办民营等多种形式，规划建设功能齐全、设施完备的"中外社区文化活动中心"。举办不同形式、不同类别的"地球村"文化活动，打造蛇口"地球村"中外特色文化精品，推进中外文化相互融合；组织多形式的"外国居民学中文""中国居民讲外语"等品牌特色活动，以品牌促进凝聚力；充分利用深圳市文博会等国际文化交流与合作的机会，在辖区开办主题鲜明的"蛇口国际文化展""国际社区论坛"，推进辖区国际文化产业的发展。每逢万圣节、圣诞节等西方节日，经常与外籍居民开展形式多样的活动，如中国特色"功夫"表演、纯正"西洋"音乐会、中外学生才艺表演、100 名外籍家庭主妇公益慈善活动等，通过各种活动拉近彼此之间的距离。

在南山区有一个外籍人士担任了小区业委会的副主任。家住深圳招商街道沿山社区鸣溪谷小区，来自德国的老何（Benrhard Haufe，何秉夏），在小区业委会选举中，高票获"第一名"，最终，谦虚的他"出任"小区业委会副主任，主管社区文化建设。

（十）建设社情民意诉求的法治平台

依法治国是中国现代化建设的国家战略。社会建设、社区治理与服务也都要以法治建设为基础。南山区多年来致力于社区治理法治化，为社区治理与服务提供法治依托。

2005 年 4 月 25 日，南山区在全国首创"人大代表社区联络工作站"，在南山区月亮湾片区正式挂牌。人大代表社区联络工作站把中国的根本政治制度——人民代表大会制度落实到了最基层，接上了社区的地气。

中国的人民代表大会制度与社会生活的接触界面，即最基层的运作平台是街道人大代表工作室。南山区的人大代表社区联络工作站把人民代表大会制度与社会生活的接触界面真正延伸到了社会生活的终端。人大代表社区联络工作站在人大代表专职化条件尚未成熟时，增加了基层社会民意的表达渠道，增添了搜集民意的人手，加快了意见反馈和处理的速度，在人大代表和民间搭起了一座信息沟通的桥梁，在实践中显示出蓬勃的生机和活力，为基层民主政治建设做了有益尝试。2008 年 1 月，以创建人大代表社区联络站为重要内容的"南山区和谐社区建设'双向互动'制度创新"项目，荣获第四届"中国地方政府创新奖"。2008 年香港政府曾计划在屯门建设垃圾焚化炉，南山区人大代表社区联络站组织一批热心环保的南山居民前往香港，向港府官方表达民意诉求，被港方认为是"最为表达民意"的事件，后来香港政府于 2011 年改选地址（石鼓洲）建设垃圾焚化炉。

"一核多元"社区治理模式，在南山的基层治理实践中应运而生，凝聚了全区人民群众的智慧，得到了深圳全市的推广，同时也作为深圳基层治理模式向外界推介，其包含着丰富的内容和许多有益的做法，是中国特色基层治理模式的生动实践。

第 六 章

南山的成功之道

　　深圳十大观念之一是"改革创新是深圳的根，深圳的魂"。南山区作为深圳最早对外开放的经济特区，在不到 40 年的时间里发生了翻天覆地的变化，从一片贫穷的小渔村快速发展成为现代化大都市的核心区，得益于优越的区位条件，更得益于不断的改革创新。南山的发展史是中国改革开放史的缩影，南山的成功之道蕴含了中国崛起的内在逻辑。

◇ 一　区位优势与制度优势

　　南山的成功不仅有优越的区位优势，地缘辐射优势；还有得天独厚的改革开放以来的制度优势、创新优势和法律优势。区位优势体现在毗邻香港辐射内地的优势。未来深港的进一步合作，将通过地缘辐射效应，将广东省自由贸易试验区前海蛇口片区的经验首先复制到深圳其他海关监管区，然后扩大至珠三角地区，进一步辐射到内地。改革开放以来的制度优势体现在深圳是改革开放的窗口，位于南山的前海则是特区中的特区。南山在经济、技术乃至制度的创新优势体现在创新思想和创业者云集，聚集了一批锐意进取、改革创新的人才，汇集了华为、中兴、腾讯等产业创新最活跃的国际知名企业。南山的法律优势体现在深圳经济特区有立法权，而位于南山的前海可以充分利用经济特区立法权，在金融服务、电信服务、专业服务等领域率先按照国际标准进行立法探索，营造国际标准的法律环境。

（一）毗邻香港的区位优势

南山具有区位优势，前海和蛇口毗邻香港，辐射香港与内地。这个优势，使其成为中国改革开放的前哨。这个优势，使其又肩负起引领粤港现代服务业的创新合作，带动珠三角地区产业升级的重任。

1991年，国务院《关于深圳市设立福田和沙头角保税区的批复》，同意在深圳市设立福田、沙头角两个保税区。保税区要充分发挥毗邻香港的优势，引进资金和先进技术，发展出口工业。沙头角保税区是中国创办最早的保税区，土地面积最小而单位土地面积产值最大。保税区内产品80%外销。2000年设立深圳出口加工区。2014年1月国务院批准设立盐田综合保税区包括沙头角保税片区和盐田港保税片区。2008年10月18日设立前海湾保税港区，在深圳前海实行比经济特区更加特殊的先行先试政策，涉及金融、财税、法制、人才、教育、医疗以及电信等方面，具体包括探索试点跨境贷款，构建跨境人民币业务创新试验区，对符合条件的企业减征15%的企业所得税，对在前海工作、符合前海规划产业发展需要的境外高端人才和紧缺人才的个人所得税负给予相应补贴等22条政策。2010年建成深圳机场保税物流中心。深圳保税区依托毗邻香港的区位优势和先行先试的体制机制优势，充分发挥了保税区作为国家对外开放窗口的示范作用。

2015 年中共十八大之后，中国国务院批准在南山前海设立了广东省自由贸易试验区前海蛇口片区和深港现代服务业合作区。广东省自由贸易试验区前海蛇口片区的功能定位是：借助深圳市场化、法治化和国际化的优势与经验，发挥 21 世纪海上丝绸之路战略支点作用，整合深港两地资源，集聚全球高端要素，重点发展金融、现代物流、信息服务、科技服务及专业服务、港口服务、航运服务和其他战略性新兴服务业，推进深港经济融合发展，打造亚太地区重要生产性服务业中心、世界服务贸易重要基地和国际性枢纽港。截至 2017 年年底，前海蛇口片区累计注册企业 16.49 万家，开业率达 40.53%；实现税收收入 344.98 亿元，同比增长 28.2%；2017 年，前海蛇口片区注册企业实现增加值 2030.26 亿元，同比增长 43.4%。合同及实际利用外资分别为 271.65 亿美元（商务部系统口径）和 44.48 亿美元，分别占全市的 73.73% 和 60.09%。2017 年，前海蛇口片区推出 111 项制度创新成果，其中全国首创或领先的 42 项。[1]

2016 年，南山区第七届党代会推出了"牢记使命，砥砺前行，为迈进世界级创新型滨海中心城区而努力奋斗"的口号，力争用 15 年时间，努力将南山建设成为世界级创新之都、现代宜居之城和国际魅力之湾。

2017 年 3 月国务院总理李克强的《政府工作报告》提出，要推动内地与港澳深化合作，研究制定《粤港澳大湾区城市群发展规划》，发挥港澳独特优势，提升在国家经济发展和对外开放中的地位与功能。2017 年 7 月 1 日，国家主席习近平见证了《深化粤港澳合作 推进大湾区建设框架协议》在香港签署。中国共产党十九大报告指出，

---

① 《前海蛇口自贸片区 13 项制度创新成果全省复制推广》，深圳新闻网，2018 年 2 月 6 日。

香港、澳门发展同内地发展紧密相连。要支持香港、澳门融入国家发展大局，以粤港澳大湾区建设、粤港澳合作、泛珠三角区域合作等为重点，全面推进内地同香港、澳门互利合作，制定完善便利香港、澳门居民在内地发展的政策措施。

2017年4月8日英国著名杂志《经济学家》刊载了一篇文章《深圳已成为创新温室》，指出"改革开放近40年，中国最引入瞩目的实践是经济特区。全世界超过4000个经济特区，头号成功范例莫过于'深圳奇迹'"，"深圳已为世界创新和发明的'皇冠上的明珠'"。

南山具有毗邻香港的区位优势，改革开放第一炮在蛇口工业区打响。南山能充分利用中央、省、市的优惠政策，积极用好国内和国际两个市场、两种资源，率先通过中外合资、合作和外商投资等形式，引进资金、技术、人才和先进的管理经验，把社会主义计划的优越性和资本主义市场的优势性有机地结合起来。

从20世纪80年代发展"三来一补"企业起步，到90年代确定发展高新技术产业、物流产业、旅游产业、文化产业的方向，21世纪总部经济形态凸显。南山区依托中国改革开放，始终坚持把主动承接国家、省、市战略作为第一机遇，顺应和把握时代大势，在服务国家战略中找准城区定位，不断放大"特区+湾区+自贸区"三区叠加优势，构建全方位、多层次、宽领域的改革开放格局，推动各项事业不断创新优势，迈上新台阶。

（二）改革开放释放制度优势

深圳是中国改革开放的窗口和试验田，改革是深圳发展的原动力。深圳在行政管理体制、经济管理体制、科技管理体制、人才管理体制、法律法规制定等方面的制度创新为中国的改革开放积累了宝贵的经验。南山的成功得益于深圳制度与体制创新的大环境。

1. 深圳的行政管理体制改革

深圳作为中国改革开放的试验田，以改革思维建市，靠改革推动发展，从一个县级行政单位发展为一个副省级城市，在短短 30 多年时间里，管理人口从 27.5 万人，迅速增长到 2000 多万人。党政机构、干部队伍随着经济的发展和管理人口的增长而急剧扩张，不断成长的政府面对着新的治理任务和挑战，使深圳成为中国行政体制改革时间最早、次数最多、频率最高、创意最新的城市。

（1）机构改革

在深圳经济特区建立之初，下辖经济特区和宝安县两个部分。经济特区内先是设立罗湖行政区，负责基层政权建设、市政建设和城市管理。1983 年，罗湖区被分设为罗湖、上步、南头和沙头角 4 个管理区，属县级建制，各管理区内设立街道办事处，为市政府的派出机构。1984 年 8 月，又增设蛇口管理区。直至 1991 年，经国务院批准，特区内 5 个管理区又重新划分为罗湖、福田、南山 3 个市辖区，为一级基层政权。南山区最早为罗湖行政区下面的南头管理区，后又分出一个蛇口管理区，到了 1990 年，才正式成立南山区人民政府，为县区级建制。1993 年宝安县撤县改为宝安、龙岗两个市辖行政区，1996 年又增设了盐田区。再到 2011 年，在宝安区和龙岗区又划出了龙华、大鹏、坪山和光明 4 个功能区。2016 年，龙华和坪山改为行政区，2018 年，光明新区改为光明区，形成了目前深圳全市 9 个行政区 1 个功能区的格局。

深圳建市初期，受中央集权和高度计划经济思维影响，政府机构及其职能设置基本上沿用了计划经济体制时代的传统模式。党政不分、政企不分，结构层次多，权力高度集中，职责不清且交叉严重，办事效率低下。传统色彩浓重的行政体制与深圳经济特区作为中国改革开放的试验田、发展社会主义市场经济所担负的历史使命不相匹配，这让深圳经济特区的建设者们感觉到困惑和焦虑。在发展经济中敢闯敢干的"拓荒牛"们，在行政体制改革方面不断地探索，根据经济社会发展的新情况和所面临的新问题不断推进行政体制改革。

经济特区建立初期，基于当时特区经济基础还相当薄弱，社会发展水平较低的客观实际，特区行政体制改革的基本思路是精兵简政，主要是为了减轻政府财政负担，提高效率和克服官僚主义，为发展市场经济创造良好的治理环境。1981 年，深圳市一口气撤并了 10 多个专业经济管理部门和 20 多个行政单位，市政府只保留 17 个职能局，机关行政人员从 1778 人削减为 506 人，下降幅度达 71%。将外贸局、物资局、粮食局、商业局、供销社等管理部门变更为企业，直接参与市场竞争。从而客观上减少了对企业的控制，为市场经济的充分发展让出了广阔的空间。

1984 年，当时深圳"三来一补"企业发展很快，如何更好地让政府的工作更加适应外向型经济的发展，是摆在当时深圳市领导面前必须急切解决的问题；同时针对急剧膨胀的城市人口，庞大而紧迫的基建工作，如何使经济和社会更加科学协调地发展，又变成了当务之急。于是深圳市政府建立了发展外向型经济的"四委五办"架构，即将市计划委员会改为社会经济发展委员会，建立了工业发展委员会、进出口委员会和城市规划委员会，以及基建办、财贸办、交通办、农牧办和文教办共 5 个办公室。机构从 17 个增加到 22 个。

1986 年深圳的行政管理体制在面向市场经济发展方面实现了两大突破。一是撤销专业经济主管部门并将它们转为经济实体；二是减少行政层次，实现一级政府内的两级管理模式。深圳将委、办、局划为一级，委员会作为政府决策咨询机构而不再是具有实际职能的常设部门，从而减少了管理层次，简化了办事程序。同时设立了行政监察局，对市长直接负责，加强政府的自我监督，机构数由 22 个增加到 39 个。

1988 年，深圳行政体制改革的主要目的是按照中央要求，解决党政不分的问题。撤销党委与政府部门中重叠的机构，把党委部门中的行政管理职能统一划归政府部门负责，避免权力交叉。同时加强了决策咨询和行政监督方面的机制，如成立了市政务咨询委员会，并以此为基础发展成立了深圳市政协。彻底取消对企业的机构编制管理，赋予企业充分的劳动用工权利。成立深圳市国有资产投资管理公司，加强对国有资产的营运和监管。

进入 20 世纪 90 年代，社会主义市场经济体系在深圳实践探索中基本确立，坚持改革开放发展社会主义市场经济在中国已形成了共识。在这一背景下，1992—1993 年机构改革的内容主要是在政府部门开展定职能、定内设机构、定编制，减少政府对企业的微观干预。这一轮改革顺应社会经济发展的需要，进一步发展社会组织，把一些社会性事务从政府职能中转移出去，交由社会组织承担。

1997—1998 年，深圳在全国率先进行政府审批制度改革，为建立适应社会主义市场经济要求的新型政府进行大胆探索。时任市委书记厉有为明确提出了"政府培育市场，市场解放政府，政府解放企业，企业解放生产力"的指导思想。他还提出"两转"，即政府转变职能，企业转变机制，建立"三无""四跨"的现代企业管理制度，使特区企业向无固定经营范围、无固定地域界线、无上级主管部门和跨行业、跨所有制、跨地区、跨国界经营的目标发展。

深圳市政府于 1998 年 2 月正式发布实施《深圳市政府审批制度改革实施方案》，其目的是转变政府依然存在严重的"审批经济"和"审批行政"行为。据统计，当时政府部门共有审批事项 730 多项，核准事项 270 多项，备案事项 120 多项，几乎覆盖了所有行业和全社会的主要社会、经济活动，政府权力过大过滥现象依然十分突出。如当时国家工商总局原则要求只对 95 个行业（项目）进行前置性审批，但深圳却有 110 多项。由于审批事项多、环节多，审批时限被拖长，助长了官僚主义和腐败现象，不依法行政问题极大地影响到深圳经济社会的正常发展，破坏了营商环境和深圳政府的形象。于是深圳市政府对审批制度进行了大刀阔斧的改革，在历时一年多时间里，对所有审批事项对照 2000 多份法律法规进行梳理。在这一轮改革中，深圳市政府有关部门和单位审批事项减少了 426 项，减幅高达 57.8%。

2001 年深圳市各级机关行政编制将精简 10%，其中市级机关行政编制将精简 16.9%。新设重组经济贸易局、对外贸易经济合作局、交通局、信息化办公室、保税区管理局及旅游局 6 部门。原有的经济发展局、贸易发展局、运输局、港务局等多个部门被撤并。

2004 年深圳市改革的重点是整合政府机构和转变政府职能，在总编制量不变的情况下，市政府工作部门由 45 个减少为 35 个。同时市直机关 4 个编制以下的处室进行归并，实行"大处制"。此次改革进一步将政府职能转向公共领域，加强了政府公共服务职能。

2006—2007 年，深圳市开始了新一轮事业单位改革。市规划主管部门所属的涉及城市规划、交通规划、市政设计等数家事业单位逐步转企，组建"深圳市城市规划发展研究中心"，优化、整合和集中原有事业单位所承担的公共政策职能。在事业单位中普遍建立法人治理结构，理事会、管理层、职工大会相互独立、相互制衡；财政供给方式从过去的"养人"转变为"养事"，对于可由社会提供的公共服务，政府将采用"购买服务"的方式，由有资质的社会组织完成；取消事业单位行政级别，逐步实现事业单位职级制，推行职员制。

2009 年深圳的大部制改革，在全国率先提出了委、局、办的政府架构：委承担制定政策、规划、标准和执行监督职能；局主要承担执行和监管职能；办主要协助市长办理专门事项，不能独立行使行政管理职能。当年削减了 15 个政府部门，46 个政府部门调整为 31 个部门，精简 1/3，同时减少内设、下设及派出机构 151 个，减少事业单位 60 个。改革最终目的是政企分开及转变政府职能，实现"小政府大社会"，实现政府的"精简、统一、效能"。

2013 年 3 月 1 日，深圳市启动的商事制度改革又开了全国的先河，率先实施"先照后证"改革，注册资本认缴制改革，商事主体年报制度和经营异常名录制度，"双告知一警示"制度，全业务、全流程、无纸化网上商事登记，建成全市统一的商事主体登记及许可审批信用信息公示平台，出台商事主体行政审批事项权责清单及后续监管办法，率先实施"四证合一"和"多证合一、一照一码"改革，名称自主申报，企业简易注销等制度。截至 2017 年年底，全市累计商事主体数量已达 306.1 余万户，其中企业 177 万户。

（2）公务员改革

在改革浪潮中，人始终是决定因素，建立一支廉洁、高效，适应深圳以及南山发展的公务员队伍是保持深圳及南山社会经济可持续发展的重要因素之一。

1993 年，深圳市出台第一部国家公务员管理办法。1995 年，深圳市进一步改革年度公务员考核制度，在《国家公务员暂行条例》规定的优秀、称职、不称职三档中，增设"基本称职"这一档次，规定对被评为"基本称职"的人员亮"黄牌",令其离开岗位,参加离岗培训;对被评为不称职的人员亮"红牌",一律予以辞退。

2004年,深圳市政府颁布《深圳市机关事业单位雇员管理试行办法》,在全市事业单位,即经市、区机构编制部门批准设立,以社会公益为目的,由国家机关或其他组织利用国有资产举办的社会服务组织(实行企业化管理的事业单位除外)实行雇员制。机关、事业单位按照公开、平等、竞争、择优的原则雇用雇员。所有机关事业单位辅助岗位和工勤岗位推行雇员制,占编不入编,高级雇员可以担任行政职务。推行雇员制目的是在机关事业单位中建立人员能进能出的用人新机制,避免人员固化,有利于节约成本,克服工作职权不清的传统弊病。自雇员制度设立以来,根据经济社会发展状况、机关事业单位收入调整情况,在2007年、2009年、2011年、2014年多次提高了雇员的工资福利性经费核拨标准。对雇员的过节费、年终考核奖、社保缴费标准等都有明确规定,保障了雇员权益。

2006年深圳正式启动了公务员分类改革。将全市公务员细分为综合管理类、行政执法类和专业技术类。综合管理类仍沿用传统管理模式,其他两类实行聘任制,其中行政执法类公务员设7个职级,均为非领导职务,各职级均无上下级关系,职级晋升与绩效直接挂钩;专业技术类公务员序列从高到低设置主任、主管、助理等职务,与其专业技术任职资格相联系,晋升与其技术资格和工作成绩挂钩,从而改变了公务员队伍以往"千军万马过独木桥"的尴尬局面,在一定程度上改变了公务员晋升通道狭窄、活力不足的弊病。

(3)建设法治政府

法治是市场经济的内在要求,社会主义市场经济是法治经济。深圳特区为什么要立法权?在特区建设初期,深圳人就深切地感到法治建设的迫切性。当时，中国的法律法规远远跟不上改革开放的步伐，更赶不上特区发展的迫切需求。实践的需要促使深圳积极争取获得地方立法权。1981 年 11 月，全国人大授予广东、福建两省人大立法权，深圳于同年成立了特区立法工作组。1981—1986 年，深圳特区规划设立的法规有 19 项，其中 16 项是广东省人大通过的，3 项规章是国务院通过的。

1990 年 12 月，深圳市人大成立，厉有为当选第一届深圳人大常委会主任。1992 年 7 月 1 日，七届全国人大常委会第 26 次会议通过了《关于授权深圳市人民代表大会及其常委会和深圳市人民政府分别制定法规和规章在深圳经济特区实施的决定》。2000 年深圳市被授予"较大市立法权"。

在截至 2017 年 6 月深圳累计制定的 220 项法规中，先行先试类 105 项、创新变通类 57 项，仅此两类占比就达 73.63%。[①] 而 105 项先行先试类法规中，有 41 项早于国家法律、行政法规出台，有 64 项是国家尚无法律、行政法规规定的，填补了国家立法空白，从立法和司法的角度发挥了深圳作为改革创新和"窗口""试验田"作用。

2008 年，深圳在全国率先推出"法治政府建设指标体系"，并荣膺第二届"中国法治政府奖"。2013 年，又将"法治化、国际化、市场化和前海开发开放"作为改革的主攻方向，把法治化作为深圳的立市之本、参与国际竞争的基础性工作。

2. 经济体制改革

作为经济特区，深圳以及南山在经济体制改革的许多方面领风气之先，开全国之先河。

---

① 《深圳地方立法 25 年成就斐然　七成属先行先试创新变通法规》，《深圳商报》2017 年 7 月 14 日。

（1）物价改革

1981年深圳在全国率先开始进行物价改革，第一个取消了粮食、食用油、猪肉、蔬菜、煤气等购物票证等各类票证，终结了计划经济体制下近40年的票证制度，比全国提前了10年。

（2）分配和社会保障制度改革

1980年10月，深圳在外商投资企业竹园宾馆、友谊餐厅等单位试行劳动合同制。1983年8月，深圳市政府发布《深圳市实行劳动合同制暂行办法》，确定了劳动合同制是特区的用工方向。深圳从试点开始转为全面实施劳动合同制，率先突破固定用工的传统体制，实行企业与员工的双向选择，成为中国第一个实行劳动用工合同制的城市。1983年深圳经济特区开始对劳动合同制工人实行社会劳动保险，职工享受退休金的多少取决于投保时间的长短和投保时期月平均工资。投保与享受保险待遇挂钩，提高了职工的生产积极性，解决了职工的后顾之忧。

1981年，广东省人大常委会通过《广东省经济特区企业劳动工资管理暂行规定》："企业支付的劳动服务费，按照下列比例分配：以百分之七十作为职工工资，直接支付给职工本人（包括基本工资和浮动工资）；以百分之五留企业用于补贴职工的福利费用；以百分之二十五作为社会劳动保险和补偿国家对职工的各种津贴。"工资形式分为计件工资（个人计件、集体计件、定额计件和超定额计件）和计时工资（根据劳动时间长短、劳动繁重程度和技术水平支付工资）。

1984年深圳对机关、事业单位进行工资制度改革，废除了原来的等级工资制，建立了结构工资制，将原来的各种补贴计入工资，建立了深圳特区独立的工资体系。1987年，深圳再次改革机关事业单位工资制度，简化了工资支付和计算方法，建立了"一职多级、小级差"的职务工资薪金制度。工资改革调动了深圳机关事业单位工作人员的积极性。

1987 年，深圳酝酿在全市建立健全社会保障制度。经过反复论证，并借鉴国际经验，1992 年，深圳市政府颁布《深圳市社会保险暂行规定》《职工养老保险及住房公积金实施细则》《职工医疗保险实施细则》，实行社会统筹和个人账户结合，解决了养老、医疗、工伤三个大问题，为全国各地社会保障制度建立积累了宝贵经验。

（3）建立外汇调剂中心

改革开放特别是对外开放，需要外汇制度的变革。1979 年以前，中国对外汇实行统收统支的管理体制，企业的出口外汇收入全部结售给国家，企业用汇由国家计划安排。改革开放以后，实行了外汇留成制度，地方、部门、企业有了自行使用外汇的额度，同时也产生了调剂外汇余缺的需要。1980 年 10 月中国银行开办了外汇调剂和额度借贷业务，允许留成单位将闲置的外汇按国家规定的价格卖给或借给需要外汇的单位，实现余缺调剂。1985 年深圳成立全国第一家外汇调剂中心。深圳外汇调剂中心的建立，为中国内地建立规范化的外汇市场做了有益的探索，随后在其他几个经济特区陆续设立了外汇调剂中心。1986 年 10 月公布了《国务院关于鼓励外商投资的规定》，在经济特区和主要沿海城市允许外商投资企业通过外汇管理部门买卖外汇。

（4）土地管理制度改革

深圳经济特区成立后，打破了国有土地没有价格和租金的传统意识，大胆提出土地使用费的概念。1987 年 5 月，《深圳经济特区土地管理改革方案》出台，提出对土地实行商品化经营，全面推行土地有偿使用。12 月 1 日，深圳首次举行国土有偿使用权拍卖会，以 525 万元拍出罗湖区一块面积 8588 平方米土地的使用权，开创了中国土地拍卖的先河。自此，土地使用制度改革开始在全国展开。1988 年，全国人大七届一次会议修改了宪法有关条款，规定"土地使用权可依照法律规定转让"。

（5）股份制改革

1983 年 7 月，经深圳市宝安县政府批准，宝安县联合投资公司以"入股自愿、退股自由、保本付息、盈利分红"的方式向社会招股集资，首次共集资 130 多万元，改革开放后中国的第一支股票"深宝安"由此诞生。次年联合投资公司获纯利 17 万元，购买股票者首次分得红利。宝安县联合投资公司连创了新中国第一家股份制企业、发行新中国第一张股票、第一张可转换债券、第一张中长期认股权证等多项纪录。

1986 年，深圳市政府颁布《深圳经济特区国营企业股份化试点暂行规定》，对市属国营企业进行股份制改造试点，市内的其他公有制企业，如集体企业试行股份制，新成立内资的股份有限公司可参照执行。根据《暂行规定》，国营企业股份化，指将国营企业的净资产折股作为国有股权，向其他企业和个人出让一部分国有股权或吸收国家、其他企业和个人加入新股，把原企业改造成由国家、其他企业和个人参股的股份有限公司。企业正式改为股份有限公司后，脱离原来的行政隶属系统，成为独立的企业法人，其合法的权益和经济活动受国家法律保护。国家、国内外企业和个人均可成为股份有限公司的股东。本企业的职工有参股的优先权，但企业不得以任何形式强迫职工入股。《暂行规定》对股东、股份和股票，股份有限公司的组织机构，劳动人事制度，税收和分配，企业股份制改造程序，都做了详尽规定。

实现股份制改造后，企业的经济指标明显提高。根据对深圳发展银行等 5 家股份制试点企业的调研，股份制运行后的 1988 年，比上一年实现利润平均增长 215%，净资产平均增长 87%，固定资产平均增长 155%，职工工资平均增长 63%。[①]

1997 年，深圳市政府发布《深圳市国有企业内部员工持股试点暂行规定》，规定在深圳市依法设立或改组的国有控股、参股的有限责任公司和股份有限公司，为了建立现代企业制度，探索在社会主义市场经济条件下的公有制实现形式，使劳动者的劳动联合与劳动者的资本联合有机结合起来，充分调动员工的积极性，使公司员工以产权为纽带与其他所有者结成利益共同体，增强员工对公司长期发展的关切度和管理的参与度，形成企业内部动力机制和监督机制，实行内部员工持股。实行内部员工持股的公司要严格按照《公司法》的要求，建立和完善公司法人治理结构，转换企业经营机制，加强公司内部科学管理，建立现代企业制度，不断提高公司的经济效益。内部员工股不转让、不继承。

进入 21 世纪以后，深圳在国企市场化、法治化、国际化改革方面持续推进。在全国最早建立国有资本收益预算制度；2004 年，深圳成为全国唯一在工商部门将国资委登记为股东的地区；2005 年，率先完成国有经济布局调整阶段性任务，一般竞争性领域中的劣势企业有序退出；国资混合所有制企业以 75% 的比例领先全国。截至 2017 年年底，深圳市境内外上市企业累计 384 家。深圳市国资委直接或间接控股、参股的上市公司已达 23 家，其中包括 20 家 A 股上市公司和 3 家 H 股上市公司。

---

① 国家社会科学基金《国有大中型企业实行股份制的前景、模式和途径研究》课题组：《企业股份制的新探索》，《特区经济》1991 年 3 月 25 日。

（6）鼓励发展民营经济

深圳经济特区建立之前，深圳全市只有 6 家个体工商户，年营业额不到 3 万元。经过十几年的发展，深圳的民营企业快速发展，到 2002 年深圳民营企业发展到 6.69 万户，占企业总数的 54%，但大多数规模较小。民营经济实现的 GDP 深圳为 15.4%，浙江省为 43.5%，江苏省为 26.7%。① 深圳市政府提出，深圳的民营经济还有很大的发展空间。

2002 年以后，深圳市历届政府重视民营经济的发展。2003 年出台《关于加快民营经济发展的意见》《关于进一步加快民营经济发展的若干措施》等重要文件，2004 年出台《深圳市民营及中小企业发展专项资金管理操作规程》，2006 年出台《深圳市民营及中小企业发展专项资金管理暂行办法》，2005 年至 2011 年，深圳登记注册的民营企业从 15 万家增长到 37 万家，年均增长 3 万多家；民营经济本地生产总值从 1329 亿元增长到 3330 亿元；民营企业外贸出口额从 138 亿美元增长到 768 亿美元；上缴税收从 380 亿元增长到 1339 亿元，占全市企业纳税的 50% 以上。此外，民营及中小企业提供了约 80% 的就业岗位，成为深圳劳动就业的主渠道。

截至 2016 年年底，深圳全市民营商事主体达到 260.88 万户。深圳市企业总共获得 166 个"中国驰名商标"，其中 151 个为民营经济获得，占比 91%；深圳市共获得 25 项中国专利金奖，其中民营企业获得 16 项，占比 64%；深圳市共获得 185 项中国专利优秀奖，其中民营企业获得 131 项，占比 70.8%；深圳市共获得 4 项中国外观设计金奖，其中民营企业获得了 3 项，占比 75%；深圳市共获得 29 项中

---

① 《深圳出台加快民营经济发展突破性优惠政策》，和讯网，2003 年 4 月 1 日。

国外观设计优秀奖，其中民营企业获得了 23 项，占比 79.3%；深圳市 14 家企业获得国家知识产权优势企业荣誉称号，其中民营企业 13 家，占比 92.9%；深圳市 77 家企业获得广东省知识产权优势企业荣誉称号，其中民营企业 72 家，占比 93.5%；深圳市 38 家企业获得广东省知识产权示范企业荣誉称号，其中民营企业 34 家，占比 89.5%。2017 年广东省百强民营企业榜单中深圳占据 40 家；2016 年度广东营业收入超 1000 亿元的 9 家企业，5 家在深圳。据统计，在战略性新兴产业方面，民营经济对深圳经济增长的贡献率超过 50%，成为名副其实的"主引擎"。科技型民营龙头企业和中小企业数量出现井喷，互联网、文化创意、智能科技等融合发展，催生大量新业态。2017 年上半年，深圳民营经济实现增加值 4060.89 亿元，其中，第二产业实现民营经济增加值 1680 亿元，占民营经济增加值的 41.4%；第三产业实现民营经济增加值 2375.8 亿元，占民营经济增加值的 58.5%。①

（7）建立多层次资本市场

深圳证券交易所是中国内地两大股票市场之一，也是在地方政府主导下建立的证券交易所。1989 年 11 月 25 日，深圳市政府下达《关于同意成立深圳证券交易所的批复》。1990 年 12 月 1 日，深圳证券交易所以试营业名义开始营运。18 天后上海证券交易所正式开始营运。上海证交所拿到中国人民银行正式批文是 1990 年 11 月 26 日，深圳证券交易所是 1991 年 4 月 16 日获中国人民银行批准，为中国内地第二家。

2004 年 5 月 27 日，中小企业板在深圳正式启动。同年 6 月 25 日首批中小板 8 家新股挂牌上市。以此为标志，深圳逐步成为有中国特

---

① 参见《民营经济成深圳创新发展重要支撑》，《深圳特区报》2017 年 10 月 17 日。

色多层次资本市场的试点区域。2014 年 10 月 30 日首批 28 家创业板公司正式挂牌交易。深圳的证券市场对深圳金融业起到了带动、推动、辐射和示范的作用。

深交所 IPO 市场的火爆为深圳金融业贡献了巨大的力量。中小板和创业板的新股不断发行，在中国证券登记结算公司深圳分公司的资金账户上积累了来自全国各地数以千亿计的新股申购资金。为深圳金融系统注入强劲的新鲜血液，支持了银行业的金融创新。中小板和创业板的启动也为深圳上市公司提供了快速实现上市融资的渠道，支持了深圳高新技术企业和中小企业的发展。

3. 营造创新机制

深圳是一座名副其实的创新之城，集聚了华为、腾讯等一大批创新型企业。国内专利和国际专利申请深圳在国内均名列前茅。2017 年深圳全市专利申请量 17.7 万件，授权量 9.4 万件，同比分别增长 34.8% 和 25.6%；发明专利申请量 6 万件，授权量 1.9 万件，同比分别增长 22.6% 和 7.1%；PCT 国际专利申请量 2 万件，占全国 43.1%；有效发明专利维持 5 年以上的比例达 86.3%，位居全国大中城市第一；获中国专利金奖 5 项，占全国 20%；全市商标申请量 39.3 万件，核准量 18.3 万件，同比分别增长 55.2% 和 31.2%；获中国商标金奖 3 项，大疆、华为获马德里商标注册特别贡献奖；新登记计算机软件著作权 8.4 万件，占全国登记总量的 11.6%。[①]

（1）建立科技园区

1984 年，深圳市政府决定与中国科学院合作办深圳科技工业园，探索科研与生产相结合的途径。1985 年深圳市政府和中国科学院共

① 《2017 年深圳专利申请量 17.7 万件同比增 34.8%》，《证券时报》2018 年 2 月 1 日。

同创办深圳科技工业园，这是中国大陆第一个科技园区。1987 年，深圳市政府出台《关于鼓励科技人员兴办民间科技企业的暂行规定》。规定不仅资金可以入股，而且商标、专利、技术等可以以无形资产入股办企业。这一政策点燃了无数科技人员的产业梦想。1991 年，经国务院批准，深圳科技工业园成为首批国家级高新技术产业园区。科技园股东为深圳市人民政府国有资产监督管理委员会、北京中关村科学城建设股份有限公司、中科实业集团（控股）公司。经过三十多年的开发建设，科技园集团已成为投资环境优越、高新技术企业云集、园区运营实力雄厚，具有一定品牌影响力的科技园区。公司成立以来转化了一批以中国科学院为主的高新技术成果，引进了大量国内外高新技术企业，在园区内形成了电子信息、新材料和生物工程制药等高新技术产业集群，是深圳市发展高新技术产业的重要基地。近年来，为进一步发挥科技园品牌优势，集团积极对外拓展，不断探索轻资产运营①的创新和突破。科技园已实现了由传统工业园区向现代型、服务型、智慧型园区的转型升级。

2000 年，深圳高新技术产权交易所（简称高交所）成立，并于每年秋季举办一届中国高新技术成果交易会，至今已成功举办 19 届，被称为中国科技第一展。

（2）人才政策

深圳从建市之时起，就把吸引人才放在主要的位置。1980 年 3 月，袁庚向中央报告关于蛇口工业区面向全国遴选人才的事宜，并建议专业人才应是在其本人自愿且所在单位给予支持的条件下应聘应考。1981 年 8 月，蛇口工业区在各重点大学及各地公开招聘人才，全

---

① "轻资产运营"（Asset-Light Strategy）模式，指将产品制造和零售分销业务外包，自身则集中于设计开发和市场推广等业务。

国各地大批专业人才汇集到了蛇口。

深圳政府有意识、有计划地推出了诸多优惠政策来吸引人才，包括教育、高校毕业生就业、培训、创业、老年人补贴在内等多项福利政策，对人才实行安居政策，这些成效显著，外市大学生大量涌入。

深圳的人才立法，最早可追溯到 2002 年 7 月出台的《深圳经济特区人才市场条例》。从 2010 年开始，对新引进的杰出人才，每人给予 100 万元工作经费和 600 万元奖励补贴，对引进的高端团队和项目给予最高 1 亿元资助。2015 年，深圳市政府为了吸引更多的优秀毕业生，针对毕业生推出了租房补贴政策。2016 年，深圳将新引进基础性人才一次性租房和生活补贴标准提高至本科生 1.5 万元/人、硕士生 2.5 万元/人、博士生 3 万元/人，补贴额均是过去两倍以上。

深圳形成了较为完备的人才政策体系，取得了显著的成效。深圳本市大学生大部分选择留在深圳工作，以深圳大学为例，72% 深大学生毕业后选择留在了深圳。省内人才也青睐深圳，广州的毕业生中除了一半左右留在广州工作外，其余毕业生就业的城市中，深圳排名第一。据 2014 年中国社会科学院数据显示，深圳市外来人口流入量排名第三，总流入量为 755.59 万人。

深圳市人力资源和社会保障局的统计数据显示，深圳引进留学人员连续 3 年增幅超过 40%，呈直线上升趋势。尤其是 2016 年首次突破 1 万人，2017 年再创历史新高，达到 1.8 万人，累计引进留学人员近 10 万人。

南山发展到今天，也是一批批来此创业者辛勤付出的结果。随着改革开放的深入，无数来自全国高校、科研机构的大学生作为寻梦者、创客汇集南山，怀着振兴中华的宏伟抱负，融入日新月异的科技创新中，成为中坚力量，推动着南山高新科技产业的不断发展。由于南山的区位优势和日益完善的城市基础设施，21 世纪以来，吸引着越来越多的来自全球的资金流、物流和信息流，使南山成为深圳乃至中国最吸引人才的城区之一，全国乃至全世界最优秀的人才把南山当成实现理想的首选之地。

自南山建区以来，就把引进和鼓励人才来南山创业作为南山发展的战略任务，并从制度上予以保证。包括人才公寓的建设，创业空间的规划，创业资金的奖励、扶持，以及配套创业环境的营造等。经过几代人不断的努力，南山逐步成为深圳的经济中心、科技中心、文化中心和国际交往中心，为人才的进一步结集创造了更好的条件。2016年，南山区启动"人才发展计划"，从机制、队伍、服务、环境四个方面发力，推动经济转型升级，打造国家级人才创新创业发展生态先行区。南山区计划 5 年投入 60 亿元，引进 4400 人，全面支持南山区各类人才创新创业，厚植"双创"环境。2016 年起，南山出台了有关科技创新资金实施细则。在南山区新建设的新型研发机构，可获得初创期建设补贴，单个机构支持总额不超过 1000 万元。创新团队创业可获初期补贴支持额度为最高 1000 万元。2018 年，南山区进一步提升科技创新质量，计划安排财政资金 33 亿元用于科学技术方面的支出，同比增长 4.3 倍。① 2016 年 12 月 30 日，南山区与市人才安居集团共同合资成立的"深圳市南山人才安居有限公司"揭牌。

2017 年 6 月 27 日，南山区住建局发布《关于南山区 2017 年度人才安居重点企业定向配租的补充通告》，共有 366 家企业入围 2017 年度南山人才安居重点企业定向配租名单。本次通过"南山区企业人才住房信息申报系统"进行申报住房配租的企业共计 506 家。经

---

① 《集齐多少个"人才密码"才能召唤出一座"人才公园"？》，深圳新闻网，2017 年 11 月 2 日。

审核，入围《南山区 2017 年度人才安居重点企业定向配租名录》的企业 338 家，申报类别包括总部及重点企业、现代服务业、现代农业及国家、省、市、区获奖科技企业、中小创新型科技企业、中小型文化创意企业、科研院所。[①]

（3）国有企业自主创新

深圳市非常重视国有企业的自主创新。2009 年，深圳市在全国较早出台了市属国企自主创新奖励扶持暂行办法，每年从国资收益预算中安排 2000 万元专项资金，奖励和扶持企业优秀创新项目。至 2016 年，深圳市属国企累计申报创新项目近 700 个，获得奖励扶持的有 182 个，奖励金额 1.5 亿元。截至 2017 年 5 月，深圳市属国企全系统建成国家级创新载体 15 个、省市级创新载体 37 个，拥有国家级高新技术企业 45 家。主动承接重大创新项目，共承担市级以上重大创新项目 477 项、重大技术改造升级工程 9 项，主持、参与制定标准 459 项。市属国企科技创新成果斐然，累计获得全国性创新奖 134 项、专利 1707 项，能源垃圾焚烧发电技术荣获"全球可再生能源领域十大领先技术蓝天奖"；地铁集团成为全市唯一同时获得工程质量最高奖"詹天佑奖"和"鲁班奖"的企业；天健多次获得国家"鲁班奖""金杯奖"；兰科中心论文多次在《自然》等国际顶级学术刊物发表。[②]

近年来，深圳国资委按照市场化原则，坚持做"积极股东"，通过科技金融、创新载体建设、"互联网 +"等形式，支持空港、现代物流、金融类、粮食、农产品等优势产业集团转型升级，推动

---

① 资料来源：深圳政府在线。

② 何泳、龚婉怡：《深圳 54 个项目获市属国企自主创新奖励扶持》，《深圳特区报》2017 年 5 月 8 日。

新技术、新产业、新业态发展，着力培育高成长性的战略性新兴产业企业。

2015年，深圳先行出台管理层和核心骨干持股办法，放宽管理层和核心骨干持股比例至30%，并同步建立股权转让和退出机制。2016年5月，深圳又全面对接深圳"科技创新、企业竞争力提升、人才优先发展"三大政策，出台若干措施推动直管企业全面建立研发投入稳定增长的长效机制，特别是创新型企业研发投入占营业收入的比例要达到5%以上。至2016年7月，深圳国企高新技术产品增长39%，为3年来最高；研发投入3.3亿元，同比增长53%。2017年起连续5年，每年将从国资预算中新增1亿元，持续扩充创新专项资金。

深圳的资本运营，资产证券化水平居全国前列。通过"一个基金、三大平台"来提高管资本的手段，倾力打造"科技创新能力强、人力资本创造能力强、资产适度轻型化"的国企。

2017年度国家科学技术奖结果出炉，深圳交出一份亮丽成绩单。19家深圳高校、科研机构及企业主持或参与完成的15个项目获奖。其中，技术发明奖以7项获奖数刷新历史纪录；科技进步奖8项，其中一等奖一项；本土医疗卫生机构首度获奖。

"深圳在研发上的支出超过GDP的4%，是中国内地平均水平的两倍。南山区的比例则超过6%，大部分资金来自私营公司。深圳的企业还有更多的国际专利，其中大多是高质量的专利，与中国内地企业所获得的专利有所不同。深圳一个城市所获得的国际专利，已超过了法国或英国。"[1]

---

[1] 《深圳已成为创新温室》，英国《经济学家》2017年4月8日。

南山借全深圳的改革、开放、创新的大势，充分发挥其先行先试的体制优势。中央决定开发前海，深圳及南山及时跟进，2015年广东省自由贸易试验区前海蛇口片区挂牌。深圳前海蛇口自贸片区的定位是在深港进一步融合的过程中，寻找中国参与国际贸易规则制定的路径，以开放促改革，找到适合市场经济体制的中国改革的新道路。前海的价值绝不止于经济、金融业的发展，前海着眼于制度创新，参照国际最高标准、最好水平，在中国率先探索形成以投资便利化、贸易便利化、事中事后监管、金融开放创新、法治创新、体制机制创新六大板块为核心的制度创新"前海模式"，彰显了改革开放"试验田"作用。

2017年前海蛇口片区新推出111项制度创新成果，包括投资便利化27项、贸易便利化20项、金融创新14项、事中事后监管5项、法治建设41项和体制机制创新4项，其中中国首创或领先达42项。累计制度创新成果319项，中国首创或领先累计131项。

（三）服务型政府的定位与塑造

中国设立经济特区的根本目的，在于打破计划经济体制的框框，发展社会主义市场经济，建立与世界接轨的市场经济体系，扩大改革开放，为中国的繁荣富强"杀出一条血路"。中国政府力图学习外国和中国香港政府的先进管理经验，在特区努力建设适应市场经济发展的新型行政体制和管理机制，以克服旧体制下权力过分集中、机构臃肿、职责不清、政企不分、层次繁多、办事效率低和官僚主义严重的弊病。所以，从特区建立开始，中央就要求深圳按照小政府的方向来建设。

20 世纪 80 年代，南山区先是罗湖行政区下面的南头管理区，后又分出一个蛇口管理区，到了 1990 年，才正式成立南山区人民政府，且一直是县区级建制。按照深圳特区政府的要求，不断地推进行政体制改革，在精简和法治下做文章，以不断适应社会经济发展的要求。

当时深圳发展经济，国家没有资金支持，也没有现成的经验，只给了改革开放的政策。南山更是如此，为了招商引资，学习外国和香港、台湾地区的先进管理经验，南山区政府只能摒弃传统体制下的政府做派，放下身段，学会充当宣传员、服务员，做好发展经济的后勤部长，千方百计创造优质的营商环境，吸引外商来投资办企业，发展经济。从 20 世纪 80 年代的"三来一补"到目前的总部基地云集，南山在几十年的时间里，坚持不懈地把打造服务型政府作为推动经济社会发展的动力。除了在引进高新科技企业和人才方面不遗余力之外，在推行配套服务，满足 200 多万人口基本公共服务方面也不断加大投入，在卫生医疗、教育、交通、文化设施等方面取得了长足的发展。以更加以人为本的态度服务市场经济发展，服务好居民，一直贯穿在南山历届政府的施政方针中。

南山区民营经济发达，截至 2015 年年底，共有规模以上私营企业 253 家。民营经济对南山区的经济发展发挥了主要的作用。2015 年规模以上民营企业实现生产总值 378.90 亿元人民币，上缴税收 95.13 亿元人民币，提供了全区 83% 以上的就业岗位。有 89% 高科技成果由非公企业拥有，115 家上市公司中有 81.74% 为非公企业。与此同时，各种新型社区组织也如雨后春笋般不断涌现。各种基金会、慈善团体等社会组织在南山区落地生根，为居民提供个性化服务，不断引领着社会的新风尚。2006 年以来，南山区政府先后共授予 8 批 155 家企业"南山区民营领军企业"称号，并重点给予培育扶持。该 155 家企业中，65 家企业已在国内外主要资本市场上市，成为推动南山区技术创新和经济发展的中坚力量。

南山区办服务型政府具有某种"天然性"。创办深圳经济特区，是中央的决定，是计划下的市场经济。当时为了办好特区，为中国改革开放闯出一条新路，中央号召全国支持深圳，各省、市、自治区和中央各部委办局均在深圳设立了办事处，兴办实业发展经济，每一个办事处都是正厅级。在南山当时就有招商局蛇口工业区、深圳大学、华侨城、沙河实业公司、深圳高新科技园等单位，级别都比南山区高得多。到了后来发展总部经济，华润、中海油、中建等央企和 50 多家世界 500 强企业的进驻，本土企业招商银行、华为、腾讯等的兴起，以及广东省自由贸易试验区前海蛇口片区和深港现代服务业合作区的建设，几乎每一个单位无论从级别到经济体量，都是极具世界影响力的。作为区政府，南山区在南山是地地道道的"小政府"，与在南山区域范围内的企业、机构相比，级别、地位低微，除了做好服务工作，似乎绝无摆架子、耍官僚的余地。这恰好形成了南山服务型政府的"天然性"。

基于诸多历史条件和因素的限制，南山区自改革开放伊始，就一直致力于服务型政府建设，这使得南山经济发展能遵循市场规律快速发展，社会进步也由于开放、包容、和谐的城区气质而稳步向前。

◇ 二　南山治理的主要经验

回顾 30 多年来南山的发展历程，在经济建设方面取得辉煌成果的同时，在社会治理方面，也取得了非凡的成就，成为中国特色社会主义的一张亮丽名片。在这一艰难复杂的探索过程中，在解决社会发展带来的各种矛盾、各种问题的过程中，各级党政组织取得了大量的经验。南山在改革开放的前沿地带的实践探索中获得了大量的经验，这是中国特色社会主义政治建设的宝贵财富。南山治理的主要经验体现在三个方面。

（一）坚持共产党的核心领导作用

中国共产党作为全中国人民的领导核心，是中国人民的选择、是中国近现代历史的选择。新中国成立后，中国共产党坚持全心全意为人民服务的宗旨，不断推进社会主义建设，几经风雨，始终向前。特别是党的十一届三中全会以后，确定了以经济建设为中心的战略，结束了"文化大革命"以来以阶级斗争为纲的错误路线。顺应了全国人民的意志，顺应了时代发展的需要，实行改革开放，解放和发展了生产力，让最广大的中华人民群众生产和生活水平不断提高，使中国综合国力不断增强，成为真正意义上的世界大国，并且正在走向世界强国。中国共产党不仅是中国人民共和国的缔造者，也是中国特色社会主义的创造者，是中国现代化的引领者。南山取得的非凡发展成就，是在中国共产党的领导下、带领下取得的。

1. 坚持共产党的核心领导，维护安定团结的政治局面

中国人民勤劳勇敢，中国人民也历经苦难。特别是近代以来，由于数千年来的封建制度土崩瓦解，中国变成一盘散沙，内乱不断，群雄并起，惨受世界列强的侵袭，社会动荡不安，人民流离失所，民族的苦难延绵了百年。20 世纪 60 年代发动的"文化大革命"，苦痛的

历史让中国人民清楚地认识到，在一个幅员辽阔、地域差异巨大、拥有 56 个民族 14 亿人口的大国，拥有一个强大的中央政权是经济社会发展的基础。

就在中国推进改革开放、"摸着石头过河"的进程中，国门打开拥抱世界的同时，各种思潮汹涌而至呈现出多元性、自由化趋势，深圳全盘西化的思潮也悄然兴起。从社会结构方面看，南山在改革开放的大环境下，来自国内外大量人口涌入南山，与此同时各种新兴社会组织和经济组织迅速增加。他们来自不同国度，有不同文化背景，来到南山怀抱着多种目标，这一切给基层治理带来了新情况、新问题、新挑战。

在新的时代条件下，如何在调动社会积极性的同时保持社会安定团结？南山区始终坚持党在基层治理中的核心领导地位，发挥其凝聚民心、整合资源、引领社会的功能，把共产党组织在基层的核心领导作用作为推进经济社会发展和维护社会团结安定的关键手段。南山区把党支部、党小组覆盖到社区各类组织和街、巷、楼宇，通过党组织的建设延伸党的影响力和渗透力。在社会建设和经济建设中，党的基层组织和广大党员团结各民主党派、社会各界和广大居民，一心一意推进中国特色社会主义事业的发展。通过民主政治协商，把各党派的意志统一到党的路线、方针、政策上来；通过在社区设立党代表工作室，带动人大代表社区联络站和政协委员工作室的设立，把党代表、人大代表和政协委员与居民群众关系密切起来；通过建设党群服务中心，把党全心全意为人民服务的宗旨充分体现到社会治理的各个领域，使治理南山成为各党派、社会各界人士和全体居民的共同心愿。

2. 在改革开放中实现社会和谐稳定

改革开放带来了社会的经济大发展、财富的大增加，同时也带来了社会结构的大变化，一定程度上不可避免地出现社会分化。社会分化是工业化、现代化进程中不可避免的现象，但控制社会分化，维护社会和谐，又是工业化、现代化发展的必要条件。南山作为改革开放的先锋城区，在很短的时间里，人口急剧膨胀，经济迅猛发展，利益格局的不断调整和社会关系的快速变动，使社会的和谐稳定面临严重的考验。在这种情况下，如何重构社会？如何确保社会和谐稳定？如何维护社会公平正义？是南山党政领导机关和广大人民群众共同注目和关心的问题。

中国共产党在领导人民进行社会主义建设过程中积累了丰富的经验，拥有强大的基层组织和干部队伍。在新的历史条件下，南山区党委赋予了各级党组织在社会治理中新的定位、新的责任，发挥总揽全局、协调各方的作用。"一核多元"治理模式明确了"一核"与"多元"的关系，即当各种利益主体发生冲突时，利用有利的执政资源和丰富的治理经验，积极引导利益各方沿着法制的轨道，有序解决分歧，将无序的博弈转化为有序的政治参与，促进社会公平正义。"一核多元"的治理模式突出党的核心领导，能够更广泛地动员全社会的力量参与，聚民智而惠民生。

治理南山实践证明：基层党组织软弱涣散，矛盾纠纷就错综复杂；基层组织坚强有力，基层就和谐稳定。如南山月亮湾片区，毗邻全球第四大集装箱大港，有超过 5000 辆拖车从事集装箱运输业务，仅湖南平江籍司机及家属就有 5000 多人，典型的同业同乡村。曾经因为工资待遇及工作、生活环境等问题，一度出现罢工，严重影响了港区的生产经营秩序和附近居民的工作生活。为此，南山区在改片区建立了货柜车司机党支部，从该行业中挑选有威信、魄力的党员担任党支部书记，通过党员的先锋模范作用影响其他从业人员，有效地化解了矛盾，维护了片区的和谐稳定。

3. 最大限度地整合社会治理资源

随着市场经济的高速发展，各种经济社会组织和居民自身经济实力得到明显提升，在南山治理过程中，他们有参与意愿和具备很好的条件。南山区坚持党的核心领导，一方面，根据城区的实际，做好基层治理的顶层设计，推动政府将人、财、物进一步向社区倾斜，以社区为治理界面，完善各种管理服务设施和体制机制；另一方面，通过"一核多元"治理结构，充分调动多元主体参与社会治理的积极性，整合人力、物力和财力等资源，最大限度地凝聚共识，形成治理的强大合力，因地制宜地推进不同场域的基层治理。如在整合人力资源方面，南山区委一方面发挥党员战斗堡垒作用和党员、公职人员模范作用，鼓励他们回居住的社区登记，亮身份、树形象、起作用，并把其作为干部选拔任用的条件之一，特别是强调党代表要挂点社区，参与社区治理，发挥本单位的组织资源优势，扎扎实实为基层服务。另一方面，积极发挥基层党组织联系多元主体，发现和发挥多元主体在社区的人力资源，特别是科技人才优势，引导社会精英参与社会治理。2007 年，还推进了人才培养"升级、优化、替代、置换、储备"五大战略，分批分层次发展壮大基层治理人才，实现人才素质的全面提升，使治理南山拥有强大的人才队伍，避免了党组织和政府机关单打独斗的被动局面。

4. 大力弘扬社会主义核心价值观

自改革开放那天起，南山就成了多元文化交融最活跃的城区。国门大开，国际交往加密，大量的外商来南山投资发展，各种西方思潮和生活方式也相继涌入；中国内地满怀激情、具有挑战精神、敢于打破条条框框的建设者们更是如潮水般涌入了南山。短短 30 多年内，南山的社区形态不断被刷新，各种思想形态异常活跃。但是，南山区始终把弘扬社会主义核心价值观作为基层治理文化的内涵，作为基层治理顶层设计的主要内容之一，在文化设施建设，文化活动内容及形式各方面，紧扣时代主题，大力弘扬中华民族优良传统文化，同时，充分吸收世界先进文化的精髓，使南山成为深圳中西文化交融最为显著的城区。最为突出的是南山区刻意弘扬南山本土文化，通过建设村史博物馆、举办传统祭祀活动等，让现代的深圳留住历史的印记，让来去匆匆的深圳人留有浓浓的乡情。此外，为了破解城市化快速推进中人与人之间的陌生感，倡导邻里亲情，南山区举办社区邻里节，吸引大家走出家门，握手相识，共建共享和谐社区，大力弘扬社会主义核心价值观，以此来凝聚民心，推进社会和谐，这也是南山治理的重要经验。

（二）遵循客观规律办事

中国改革开放的开山炮从深圳南山打响，在这片人烟稀少、经济落后的农业村镇中，南山人一开始就秉承敢为天下先，为全国改革开放寻求经验和发展规律的信念，敢闯敢试，容错纠错，遵循客观规律办事，不唯上、不唯书、不唯洋，只唯实。近 40 年来，南山区改革开放事业的深入发展，从实际出发，以需求、问题和目标为导向，理论联系实际，尊重客观规律，发挥主观能动性，针对不同阶段，不同重点问题，综合施策，更好地促进了南山经济社会高速、可协调发展。遵循客观规律办事，成为治理南山的重要经验。

1. 立足实际，勇于创新

"实践是检验真理的唯一标准""实践出真知"。在全党号召解放思想、实事求是的思想路线指导下，南山人从蛇口工业区直选公司领导、实行奖励工资制度开始，到如今直选居委会主任、向社会组织购买公共服务，治理南山的过程，就是一个实践为先，勇于创新的过程。

2004 年，面对日益庞大的流动人口和日益严重的违法建筑滋生的各种城市乱象，南山区在全市率先开展了以拆除乱搭建为重点的市容环境整治行动——"梳理行动"。拆除了大量的违法建筑，重点整治了城中村、水源保护区等区域的脏乱差，以及无证经营场所等管理难点，改善了市容环境，还居民一个纯洁的空间。通过"梳理行动"，南山区充分认识到，随着城市的快速扩容，社区体量的日益增大，人口的急剧增长和流动率的加快，必然给社会管理提出许多新挑战、新问题，实行社区精细化管理，规范市场秩序和维护社会稳定刻不容缓。于是，南山区根据社区业态调整了原居委会的划分范围，成立了社区工作站和社区居委会。社区工作站作为政府在社区管理和服务的平台，协助政府职能部门落实各项工作职责，是政府管理和服务居民的末梢。适应南山区人口的不断增长，101 个社区工作站在社区管理和服务中发挥了不可忽视的作用。后来，此做法被全国各大城市借鉴推广，成为中国大中城市实行有效治理的样板。

2007 年，随着南山产业转型升级，南山的经济社会发生了巨大的变化。人口素质不断提高，民主意识增强，参与社会治理的意愿更加强烈。南山区委区政府审时度势，提出和谐社区建设"三年行动计划"和创建社会主义和谐示范区的战略部署。通过党委领导，政府负责，全民参与，在和谐社会建设中，全区人民成为创建的主体。共有

36 个社区治理项目在全国产生了很好的反响，最为突出的是"一核多元"治理模式，成为中国特色社会主义基层治理实践的生动案例。

2017 年，南山区人均 GDP 达到 33.9 万元人民币，与发达国家处于同一水平，社会治理的国际化和现代化，是摆在南山人民面前的一个充满豪情壮志的事业。特别是随着前海深港现代服务业合作区和广东省自由贸易试验区前海蛇口片区在南山落地，更令南山人踌躇满志。

为探索与国际接轨的社会治理结构，深圳市在前海实行了法定机构管理的架构，以制度创新为核心，在投资体制改革、贸易便利化、粤港澳合作、金融创新、事中事后监管等方面形成了一系列制度，创新性强、市场主体反应好、可复制推广，2016 年，就有 44 项改革创新举措，2017 年又推出 111 项创新成果。为了在社会治理方面与之相匹配，南山区挑选社区形态与前海相类似的社区，实行"一平台一中心"社区治理。在社区党委的领导下，把涉及法定主体以外的社会管理和服务主体的选择权交给辖区居民，由居民决定、政府出资，购买社工机构承接社会管理和服务项目，从而既最大限度地发挥了居民参与社区治理的主动性和创造性，也实现了社区治理的精细化、专业化和社会化。

在治理南山的实践中，无论是党建、管理、服务，还是居民自治，都是立足实际，坚持问题导向，在实践中不断创新，从而取得良好的治理实效，也为中国特色社会主义基层治理增添了鲜活的经验案例。

2. 敢于容错，善于纠错

中国共产党在革命和社会主义建设的实践中，有一条宝贵的经验，就是"不怕别人犯错误，只怕不及时纠正错误"。邓小平曾经对深圳发出指示：建立经济特区是一项前无古人的事业，没有经验可借鉴，要敢为天下先，要"摸着石头过河""杀出一条血路"，为社会主义建设树立起标杆。南山社会经济的发展是中国 40 年改革发展的缩影。经济发展起步早转型快，社会结构复杂，社会要素活跃，社会治理所面临的问题也比其他地区来得更早更复杂。在治理南山过程中，南山人不回避矛盾，敢于直面挑战和问题，以问题和目标为导向，勇于实践，敢于容错，善于纠错。

2004 年，为加强粤港合作开建深港西部通道，连接深港的深圳湾跨海大桥侧接线横跨南山半岛，工程设计时沿线多为滩涂和荔枝林，开建时却是高楼林立，涉及沿线居民 20 多万人，初始设计的高架桥式侧接线遭到居民强烈反对。围绕环评问题，在历时近两年的时间里，政府与居民商讨了 100 多次，最终对工程设计方案进行了三次修改和三次优化，确保工程顺利开工。这就是著名的南山西部通道侧接线维权事件。该事件开始时政府和居民对立，结束时居民得到了实惠，政府得到了民心，达到了共赢。该事件启示我们：治理实践必须有居民广泛的参与才能取得成效；基层治理出现失误不可怕，及时纠错不但不会让政府丢脸，反而会取得民心。

2007 年，为推进基本公共服务均等化，让更多早期来深建设者共享改革开放成果，深圳市政府当时最大的一个安居房项目——桃源村住宅区落户南山。因均为低收入阶层聚居，有共同的利益诉求，从该住宅区落成起，小区业主就成了一个维权的团体，针对工程质量、公共服务配套、房屋所有权和使用权以及其他福利政策等一系列管理服务问题，与政府博弈，历经数年断断续续，成为深圳历史上集体维权人数较多、历时最长和抱团最紧的维权团体。为此，政府做了大量的后续工作，依法解决居民提出的合理要求，使问题得到了妥善的解决。该事件使南山区充分认识到，推进公共服务要综合考虑政治、经济、社会、文化等因素，特别是针对特有人群要做科学分析，从维护社会和谐稳定的大局出发，综合施策，让每个深圳人有付出、有分享，也有分担。在此后的安居房建设中，政府在选址和人群结构搭配上均做出了科学规划，完善了积分申请安居房的制度机制，体现了法制精神和公平正义，避免了类似问题的出现。

2005年，南山区推行社区工作站管理体制改革，为了妥善安置原居民委员会工作人员，统一将他们转为社区工作站的专职成员，但其中许多人文化水平不高、年龄偏大。同时，由于缺乏统一的制度规范，新补充的工作人员存在门槛不高、招聘不规范等问题，能力素质不足，随着南山社会经济的发展，相当一部分工作人员越来越不适应日益繁重的基层治理工作需要，基层治理工作队伍本身成为基层治理的问题。为此，南山区从2013年开始，由社工委牵头对社区工作者队伍进行了系统的改革，明确了各自的职责定位，规范了招录标准，完善了合同机制、薪酬体系和晋升通道，使社区工作者队伍结构得到进一步完善，工作水平和工作活力得到了提升。

在历届区委区政府的工作报告中，找短揭丑是必不可少的内容，这也是南山区的好传统。2016年在第七届党代会上，南山区就提出了前进道路上的问题和挑战，包括五个方面：经济高位过坎的挑战；成本持续上升的挑战；民生需求扩量提质的挑战；中心城区治理的挑战；党的事业和人民群众对干部期待更高的挑战。同时提出了具体的应对措施。2017年在南山区七届二次党代会上，提出了前进路上面临的"五大双重考验"：一是土地空间不足与营商成本上升的双重考验。南山土地开发强度高，生产要素成本不断攀升，企业外迁、产能转移等情况短期内依然突出。二是核心技术占有率不高与知识产权保护有待完善的双重考验。在核心电子元器件、集成电路、工业母机等高精尖领域，核心技术对外依存度还较高，知识产权侵权案件总量还较大，知识产权保护意识还比较薄弱。三是资源环境约束趋紧与基础设施配套相对滞后的双重考验。人口约束趋紧，道路交通、治污治水、市政配套、公共安全等问题依然突出，城市管理治理精细化、智慧化、法治化程度还有待提升。四是群众更高期盼与优质民生供给不足的双重考验。市民民生期盼更加多元、品质要求更突出，交通、医疗、住房、教育、养老、文体等民生领域还存在不少短板，与中心城区的定位还不相匹配。五是少数干部激情减弱和激励机制不多的双重考验。基层队伍专业化建设有待加强，少数干部业务能力、本领与中心城区发展的要求还不相适应，部分党员干部改革创新锐气不足，不作为、慢作为时有发生，从严治党仍需常抓不懈。

治理南山的实践证明：敢于容错能鼓励实践创新，容错本身是遵循客观发展规律的表现；善于纠错，能确保客观规律沿着正确的方向发展，体现社会治理的初衷。

3. 坚持按社会经济发展客观规律推进社会治理

经济社会的发展有其内在的规律，不以人的意志为转移。因势利导则事半功倍，逆势而行则无功而返。南山区经济腾飞，是世界经济发展潮流中，中国政府因势利导推行社会主义市场经济的生动表现，南山区的社会治理更是顺应市场经济的发展规律。通过实践探索，根据不同的社会经济发展阶段，针对不同的治理对象、重点领域和重点问题，遵循社会发展的客观规律，明确工作方向，推出一系列治理措施，着力强化营商环境、创新环境、法制环境和人文环境的建设，努力将南山打造成宜居宜业的滨海中心城区，成为历届区委区政府不懈努力的目标，从而创造了一个不一样的南山。

特区初创早期，南山人口急剧增长，百业蓬勃发展，各种生产要素在很短时间内汇集南山，改革开放的大潮比预期来得更快、更加汹涌澎湃。面对治安压力、环境压力和各种矛盾纠纷，如何理顺行政管理体制，加强社会管理力度，提高工作效率，维护社会安定有序是最紧迫的任务。其中，提高效率是治理的重点。

20世纪90年代，南山经济社会进一步发展，大量的来深建设者选择在深圳安居创业，公共服务欠缺和不均衡的矛盾凸显，劳资纠纷、市政建设纠纷、房地产纠纷、教育资源分布不均和医疗短板等问题相伴而生。公平正义成为治理的重点。

21世纪初，南山的高科技产业和现代服务业迅速发展，南山逐渐成为国际化、现代化的中心城区。社会治理国际化、法制化、社会化和信息化，成为社会治理体系和治理能力现代化的内容，倒逼政府直面城区发展中一切可能的问题和挑战。如何系统设计、推进社会治理现代化成为紧迫任务，把社会治理摆到与经济建设同等重要的地位一同考虑、同步部署，显得非常迫切。

不同发展阶段面临的社会治理难题是南山区推进社会治理创新的最大实际。回顾南山区推进社会治理的过程，可以清晰地看到一个遵循客观规律办事，稳步推进社会治理的科学轨迹。20世纪80年代为维护社会治安，南山区穷尽办法，推进社会治安综合治理，联防联治，为初生的市场经济保驾护航。到90年代，大力推进公共服务设施建设，改善城区工作生活环境，加强公务员队伍建设，提升公共服务的质量和扩大服务的覆盖面，让改革开放的成果更多更好地惠及南山居民。

21世纪初，随着高素质人才在南山的进一步汇集，民主意识的增强和参政议政水平的提高，南山区坚持推进有序的基层民主建设，扩大居民委员会直选比例，搭建覆盖不同人群的参与平台，汇集全区人民的治理智慧，整合治理资源，使治理南山的质量得到了进一步的提升。此后，随着南山的国际化程度提升，适时推进法治城区的建设，出台权力清单、职责清单和负面清单；为改变政府在社会治理中唱独角戏、单打独斗的被动和疲惫局面，南山区大力推进政府购买服务，发动多元主体参与社会治理，实现多元共治，不断提升社会治理的法制化、专业化和社会化水平；依托南山高科技产业优势，推进社会建设"织网工程"，提高社会治理的信息化水平，推进智慧城区的建设，让社会治理变得简单便捷，充满时尚；为将南山建设成为世界级创新型滨海中心城区，又提出了建设世界级创新之都、现代化宜居之城和国际化魅力之湾的奋斗目标，并实施了"科技创新＋总部经济"双轮驱动战略。

实践证明：遵循客观规律办事，顺应社会发展趋势，社会治理就能促进社会经济协调发展；违背客观规律，超越经济社会发展阶段的社会治理就会适得其反，将无功而返。南山区社会治理适应市场经济发展的规律，在不同的阶段采取不同的治理方式，突出不同的工作重点，从而保证了南山经济社会健康发展。

（三）建设小政府强政府、大社会好社会

计划经济体制下的政府，是全能政府，具有无限责任和包罗万象的职能。尽管深圳经济特区建立时，就是天然的服务型政府，但随着市场经济的蓬勃发展，各种未曾见过的经济社会问题突然集中呈现在特区建设者面前而又不得不加以重视解决时，计划体制下的思维方式

又占了上风。因此，从深圳市建立至今，就不断地进行行政体制改革，以不断适应市场经济和社会治理的需要，成为中国行政体制改革频率最高的城市，这也体现了深圳敢于实践探索、容错纠错的时代精神。

随着南山经济的飞速发展，各种新型经济和社会组织异军突起，社会结构、新兴阶层、利益关系均发生了巨大的变化。治理场域的变化倒逼政府必须摒弃计划经济体制下万能政府的思维方式，重新定位政府的职能，把应当管的管好；把应当放的放开；把自己管不了和管不好的，放手让更专业的组织来承接。适应社会主义市场经济和社会发展的规律，正确处理好党委、政府、社会和市场的关系，着力构建"小政府，强政府""大社会，好社会"。经过30多年的不懈努力，南山区深刻认识到：政府应当找准自身在市场经济和社会治理中的定位，才能实现有效的社会治理。政府的主要职能是"制定规则、让渡空间、搭建平台和提供保障"。

1. 制定规则

在政府、社会和市场三者关系中，政府是规则的制定者和维护者。政府在社会治理中，应当是一个"小政府，强政府"，把该管的管住管好，把该放的权力放开放准。

首先是加强法治城区的建设，确立法治在社会治理中的基础性、规范性和保障性作用。2012年深圳开中国先河编制了《深圳经济特区社会建设促进条例》，涵盖社会事业、社会保障、社会组织、社区建设、社会管理等范畴，在公众参与机制、非户籍居民平等参与社区自治等诸多方面都进行了探索性改革。加强法治政府和责任政府的建设，出台了政府权力清单、职责清单和负面清单，使政府这双"看得见的手"与社会、市场那双"看不见的手"共同推进社会治理。"权

力清单"共涉及部门事权 3102 项，街道事权 5328 项，使政府做到
"法无授权不可为"；编制社区主体"职责清单"，明确多元主体职责
边界，做到"法定职责必须为"；在前海蛇口片区出台了"负面清
单"，明确企业经营禁区，做到"法无禁止皆可为"。坚持依法行政，
推行"一部门一律师"和"一社区一律师"制度，在城市管理、行
政执法部门推行律师驻队，使政府日常工作始终在法制轨道上运行。

其次是做好社会治理的顶层设计。中华人民共和国成立后，即开
始编制国民经济五年规划，南山区结合经济社会发展实际，采用编制
国民经济及社会发展五年规划的形式，将社会经济规划一并纳入国家
统一规划系列。据此，南山区还专门制定了《南山区社会建设标准体
系》和《南山区和谐社会发展指数》，分别成为社会治理的准律法和
晴雨表、监督仪。

最后是将社会治理空间规划纳入城区发展规划范畴，做到统一部
署，同步推进。综合考虑社区的经济、社会、环境，特别是人群特点
等因素，进行顶层设计、系统设计、动态设计和差异化设计，根据不
同的治理界面调整治理方式。在人员结构复杂、治安状况差的区域，
突出依法管理；在商业旺区，更强调营商环境建设，侧重于服务；在
基础设施完善、物业管理规范的高档住宅区则强调自治。在新型社区
建设和旧城改造前，把征求社会建设部门意见作为前置条件，确保社
会治理的各项设施符合治理目标。

2. 让渡空间

随着市场经济的快速发展，南山区充分认识到，政府并非资源的
唯一拥有者；就单一社区而言，政府更非拥有最丰富资源。面对居民
群众多样化的需求，仅靠政府履行社会职能"心有余而力不足"，
"政府失灵"不可避免。尊重社会发展规律，不包办一切社会事务和

经济活动，市场的归市场，社会的归社会，是深圳南山区社会治理一直遵循的原则。

首先是积极转变政府职能。放弃"大有为"的观念，缩小职能范围，做"小而能"的政府。2014年出台《深圳市市直部门转变政府职能事项目录》，主动自我革命，破除利益藩篱，更多下放人财物事权，充分释放市场活力和社会创造力。依据该目录，有65个职能事项取消或改变管理方式，16项职能事项转移给具备条件的行业协会负责，108项职能事项下放、交由下级政府有关部门承担。南山区也相应完成行政审批制度改革，区级行政许可审批事项缩减62.5%，办理时限缩减65%。例如，深圳在全国率先实施"多证合一、一照一码"，企业名称自主申报登记，企业简易注销三项改革。改革后，对商事主体将只发放记载统一社会信用代码的营业执照，不再发放组织机构代码证、税务登记证、社保登记证和刻章许可证，商事登记部门一次审核、多个相关部门信息互认。实施商事登记制度改革后，南山区新增登记注册企业数跃居深圳市首位，增长37%。

其次是鼓励社会资本进入公用事业。拆掉门槛、打开闸门，开放高含金量的基础设施和公用事业的投资市场，为社会资本释放规模空前的市场空间。深圳市相继出台了《深圳市社会投资项目核准办法》《深圳市深化投融资体制改革指导意见》等一系列改革措施，规定除国家政策法规限制开放的领域外，所有经营性领域的投资，如水务、公交、燃气、供电、环保、轨道交通以及文教等，各种资本都可参与。南山区也相应出台《南山区产业发展投资引导基金管理办法》，引导社会资本投向社会领域，并在全省率先运用社会资本开办非营利性社康中心。

最后是大力推进政府购买服务。改进政府提供公共服务方式，更好发挥市场在资源配置中的决定性作用，解决公共服务存在质量效率不高、规模不足和发展不平衡等突出问题。鼓励社会力量成立民办社会工作服务机构，积极培育社会工作服务的卖方市场，将适合由社会组织提供的公共服务交由社会组织承担，实行优胜劣汰。目前，南山区101个社区实现了社区党群服务中心全覆盖，全部都由专业的社工机构中标运营。积极培育和发展社会组织，分别在街道层面和区级层面建立社会组织孵化基地，降低社会组织的登记门槛，完善社会组织法人治理结构，建立社会组织信息公开平台和信用体系，从服务需求调研、评估，再到社会组织的监管等各个环节，不断推动社会组织健康发展。

3. 搭建平台

南山区清醒地认识到，在现代市场经济条件下，社会公共事务管理不是政府的"特权"，政府要牢固树立"政府搭台，社会唱戏"的思想。因此，搭建一批适合不同群体、覆盖所有人口的参与平台，确保各种治理主体能够表达诉求、施展才华、参与基层治理，才是实现基层善治的关键。

首先是搭建党内民主共治平台。由社区党组织牵头，召集社区居民委员会、社区工作站、社区党群服务中心、社区社会组织等多元主体的党组织负责人，通过每季度一次的党建联席会议，研究制定社区发展规划、年度工作计划、重要实施项目、重大工程建设与规划等事项；通报和交流社区党的建设整体情况，讨论研究出现的问题、工作难点和热点，共商下一步工作的思路、措施；听取多元主体，如党代表、人大代表、政协委员、辖区单位负责人对辖区党务、居务、政务、服务以及其他重大事项的安排、执行情况的意见建议等。2007年，南山区开展和谐社区建设"十百千万行动"，要求党员回到居住地登记，亮身份、树形象、起作用，引领社会风尚。同时还推进了区域化党建，让驻区单位，区属各单位党员回居住地过双重组织生活，发挥本单位优势和个人专才，让广大党员、公职人员参与社区建设多了一个平台。后经深圳市总结并推广为"两代表一委员"进社区活动，并形成制度，每年为社区办理上万件实事好事。

其次是搭建社区协商自治平台。由社区居民委员会牵头，召集社区各类组织、政府相关部门和居民的代表，通过每个季度至少召开一次的社区议事协商会（居民议事会），研究讨论社区居民普遍关心、与社区建设与管理相关的社会事务，提出有关意见和建议，促进社区自治。鉴于传统意义上的居委会随着城市人口的急剧增长和快速流动，已不能完全代表社区居民的意愿和适应基层治理的需求，南山区按居住小区、行业、年龄、社区公共事务相对应的专业人士等因素，推选小区居民组成居民议事会，作为居民自治的一种新平台。目前，南山区在101个社区推选出居民议事会105个，共有成员732人。

再次是搭建社情民意诉求平台。推动社区治理的法治化建设，依靠综治信访维稳中心、党代表工作室、人大代表社区联络站、政协委员联络站、和谐企业工作室、人民调解室等以理性对话为主的民意表达平台，接待各类来访群众，收集居民意见和建议，倾听群众呼声、维护群众利益，化解社会矛盾，促进社区更加和谐稳定。例如，南山区建立了24个人大代表社区联络站，聘请热心公益事业的社区居民为联络员，受代表委托，通过定期定点接访、约访、走访等方式，收集社情民意，形成代表议案，提请政府有关部门解决，在居民和政府之间搭建一座信息沟通、对话协商的桥梁。

最后是搭建社区虚拟参与平台。"互联网＋"已深入人们的工作生活，南山区依托社区家园网社区论坛、小区论坛、网络问政、网上信访，以及小区（社区）QQ 群、政务微博、公众微信等信息化平台，面向社会，面向市民，宣传社区形象，介绍各类政务、宣传教育、服务信息、重要事项和社区动态，加强民政互动，提高信息沟通，促进交流融合。此外，南山区整合了信件、电话、网络、微信、走访等多种信访渠道，打造网上信访大厅，每一位信访人可以全天候进行问题反映和关注案件最新进展，不再受时间、地点的限制，仅2016 年上半年群众通过网上信访案件 7159 件，占信访总量的 96%，实现了让"群众少跑路，数据多跑腿"。

4. 提供保障

保障和改善民生，在社会群体中合理分配市场创造的财富，让所有社会群体都能分享经济发展的成果，满足社会需要，提升公众福祉，是社会治理的最终目标，也是治理南山时刻谨记的神圣使命。

首先是创造适合的营商环境。环境就是吸引力、创造力、竞争力、生产力，好的营商环境是一个地区科学发展的金字招牌。深圳是国家自主创新示范区和首个法治政府试点城市，相继出台了《关于支持企业提升竞争力的若干措施》《法治政府指标体系》等政策，致力于创造适合企业发展的创新环境、法治环境。目前，有 270 多家世界500 强企业到深圳投资。更难能可贵的是，深圳自身培育出了华为、中兴、中国平安、招商银行、万科、比亚迪、腾讯等一批具有国际竞争力的本土企业，它们大部分落户南山或是从南山成长起来的。人才政策也是南山打造良好营商环境的重要举措。比如财政每年投入 3 亿元，实施"一街道一人才公寓"计划，每月最高 1 万元的住房补贴；给予 20 万—1000 万元的配套资助，提供最高 1000 万元的银行纯信用授信；对国际顶尖人才和团队，最高支持 5000 万元。

其次是创造宜居宜业的生活环境。"一千个人心中有一千个哈姆雷特"，不同的人对城市幸福感的体悟与评价也会各不相同。南山区的理解是，一个幸福的城市就是一个宜居、宜业的城市。基于人口结构严重倒挂、人口流动频繁，社会治安压力大的特点，南山区 2005 年提出了建设"平安南山"的目标，重点编织好六张网，即情报信息网、基础防范网、视频监控网、网络管控网、打击整治网、区域协防网。2014 年开始，每季度发布"平安南山指数"，客观评价南山城区和各街道治安综合治理现状。尤其是作为全国房价最昂贵的城区，南山区通过政府主导、市场运作等方式，构建了覆盖不同层次居民的住房体系，包括别墅区、高档住宅区、商住区、普通住宅区、人才公寓，以及安居房、廉租房和大量的城中村。鉴于有 52 万多人超过 41% 的流动人口居住在城中村，南山区开展"宜居出租屋"创建活动，以"治安好、消防好、环境好、管理好、诚信好"为目标，发动社会共建共享，让群众生活更加舒适。

最后是提供基本公共服务保障。"来了，就是深圳人"不仅仅是一句口号，更是一句掷地有声的承诺。近年来深圳市民生领域投入逐年增长，2018 年上半年深圳市九大类民生领域财政支出完成 1419 亿元，占全市财政支出近七成。中国基本公共服务"十二五"规划中涉及地方事权的 65 项，深圳已全部实施，此外还自行实施了 15 项。深圳人可享受 20 个福利，非户籍人口也可享受其中多项福利。南山区在聚居 2 万人以上的城中村建立"来深建设者服务中心"，在超过 150 家规模以上企业的社区和 100 家规模以上企业的工业园区建立"和谐企业工作室"，尽力消除地域和阶层享受基本公共服务质量的不平衡状况。

历史的经验教训表明，在现代市场经济的条件下，任何政府的职能不可能是无限大的，它不能垄断经济活动，也不能包揽社会事务。

南山区作为深圳创新基层治理的先锋，通过完善政府"制定规则、让渡空间、搭建平台、提供保障"的功能，利用社会资源和市场规则，实现多元主体共同参与，取得了较好成效。

40年前，位于南山的蛇口打响了中国改革开放的第一声"开山炮"，奏响了"时间就是金钱，效率就是生命""空谈误国，实干兴邦"的时代最强音，开启了中国波澜壮阔的改革开放实践。40年来，南山作为深圳发展大局的重要组成部分，以"杀出一条血路"的胆魄，成功闯出了一条从计划经济向社会主义市场经济转型的改革之路、从封闭半封闭到参与全球竞争的开放之路、从边陲小渔村到现代化国际化大都市中心城区的奇迹之路，实现了从城市边缘向城市中心的华丽转身。回顾深圳与南山在改革开放40年来走过的路程，南山通过改革开放，大胆探索中国特色社会主义在当地实践的具体形式，成为中国改革开放实现国家工业化现代化的精彩缩影和生动范例，也为中国的工业化、现代化提供了南山的经验。40年来南山的道路充分印证了中国特色社会主义道路不仅走得通，而且能走得快、走得好，证明了改革开放是实现中华民族伟大复兴的希望之路、成功之路。

参考文献

曹赛先、李凤亮主编：《风起南山——文化科技融合创新的深圳之路》，中国社会科学出版社 2017 年版。

陈文：《城市治理转型研究——后单位时代中国城市治理的困境与出路》，中国社会出版社 2016 年版。

陈禹山、陈少京：《袁庚之谜》，花城出版社 2005 年版。

邓小平：《在全国科学大会开幕式上的讲话》，《邓小平文选》第 2 卷，人民出版社 1994 年版。

［法］托克维尔：《论美国的民主》，张杨译，湖南文艺出版社 2011 年版。

费孝通主编：《社会学概论》（试用本），天津人民出版社 1984 年版。

傅小随、胡冰：《深圳基本公共服务均等化研究》，海天出版社 2014 年版。

胡锦：《基层党建与和谐社区建设——南山的实践路径及理论创新》，社会科学文献出版社 2010 年版。

黄卫平、汪永成：《公共问题研究与改善治理建言》，重庆出版社 2007 年版。

江潭瑜主编：《深圳改革开放史》，人民出版社 2010 年版。

李培林：《中国社会巨变和治理》，中国社会科学出版社 2014 年版。

李小甘：《深圳市南山区"一核多元"社区治理模式工作体系》，海
天出版社 2015 年版。

深圳市社会科学院、深圳市光明新区管委会编：《新型城市化的深圳
实践》，中国社会科学出版社 2016 年版。

深圳市统计局、国家统计局深圳调查队编：《深圳统计年鉴 2016》，
中国统计出版社 2016 年版。

涂俏：《袁庚传：1978—1984 改革现场》，作家出版社 2008 年版。

汪开国：《深圳九大阶层调查》，社会科学文献出版社 2015 年版。

汪开国、杨朝仁主编：《香港的城市管理》，海天出版社 2004 年版。

王京生：《深圳十大观念》，深圳报业集团出版社 2011 年版。

吴松营：《邓小平南方谈话真情实录》，人民出版社 2012 年版。

习近平：《习近平谈治国理政》，外文出版社 2014 年版。

张德信主编：《中国公共行政案例教程》，国家行政学院出版社 2004
年版。

张晓儒、陈东平：《深圳社会建设与发展报告（2016）》，社会科学文
献出版社 2016 年版。

周红云：《中国社会管理创新典型案例集萃》，中国人事出版社 2013
年版。

邹树彬、陈文：《构建和谐社区——深圳市月亮湾片区"人大代表工
作站"个案研究》，重庆出版社 2007 年版。

高程德：《深圳经济特区劳动工资管理的初步调查》，《经济科学》
1983 年第 4 期。

黎志儒、王江洪：《京山：即将崛起的科技大特区》，《深圳特区科
技》1994 年第 3 期。

汤庭芳：《深圳市行政管理体制改革的几点启示》，《政治学研究》
　　1999 年第 4 期。

李永平：《探索公有制有效实现形式　促进多种经济成分协调发展——
　　深圳经济特区调整与完善所有制结构历程》，《特区实践与理论》
　　2000 年第 9 期。

刘火雄：《用生命作赌注偷渡香港　震动中央的"大逃港"风潮》，
　　《文史参考》2010 年第 13 期。

国家社会科学基金《国有大中型企业实现股份制的前景、模式和途径
　　研究》课题组：《企业股份制改革的新探索——深圳股份制试点调
　　查》，《特区经济》1991 年 3 月 25 日。

吴世忠：《对社交网络发展与治理的思考》，人民网，2014 年 8 月
　　7 日。

仰义方：《新媒体时代的国家治理：机遇、挑战与应对》，《中共天津
　　市委党校学报》2014 年 11 月 13 日。

谢惠茜：《深圳距全球金融中心越来越近　证券公司营收规模居各省
　　市首位》，《深圳商报》2017 年 2 月 10 日。

辜胜阻：《创新经济应该成为粤港澳大湾区第一关键词》，中宏网，
　　2017 年 8 月 9 日。

深圳市、南山区历年《政府工作报告》，南山区历年《国民经济和社
　　会发展统计公报》。

深圳市规划局，历年《深圳市经济特区总体规划》和《深圳市城市
　　总体规划》。

曾正宏：《深圳特区立法权再认识》，深圳市人民政府法制办公室
　　网站。

索　引